작가 본연의 글맛을 살리기 위해 한글 맞춤법에 맞지 않는
일부 표현을 수정하지 않았습니다

아이 말을 읽다
아이 마음을 읽다

아이 말을 읽다
아이 마음을 읽다

곽도경 지음

마음세상

프롤로그 : 아이 말을 읽다? • 10

제1장. 웃음과 울음을 동시에 주는 아들딸

엘리베이터 폭발하겠다 • 15

북극곰 사건 • 20

아빠의 필살기 딸기 도넛 • 25

나의 긴 하루 • 30

쌓여가는 보물들 • 37

얼음과자와 쭈쭈바 • 42

엄마는 소중하고 예뻐서 안 돼! • 48

제2장. 아들딸에게 배우다

크으윽, 퉤! • 55

누나 다 나아! • 59

복숭아, 엄마 하나 주면 안 돼? • 65

아들의 넥스코 사냥 • 71

아빠, 선 밟으면 안 돼요! • 81

아빠 늘어도 사랑할개요 • 86

새들도 사이좋게 나누어 먹으면 좋으련만 • 91

한국이 없으면 나도 안 태어났을 거야! • 97

제3장. 아들딸, 뭐가 그렇게 궁금해?

힘 약한 아빠 상어 · 103

아빠, 왜요? 왜요? · 108

100살 미술 선생님과 아빠 · 113

친한 할머니, 왜라고 물어보는 할머니 · 118

아들의 남다른 위인 사랑 · 124

메추리알이 뭐예요? · 129

전 돌잡이 할 때 뭐 잡았어요? · 134

전 왜 4등으로 태어났어요? · 140

제4장. 아들딸, 하고 싶은 것만 하고 싶지?

방귀와 방충망 · 145

지하철 탈래, 걸어갈래 · 151

낮잠과 붕어빵 떼 · 155

아빠가 좀 더 좋아요 · 161

잔소리는 좋은 말 · 166

자기 대장 엄마 · 172

엄마, 저 키 안 클래요? · 178

음료수가 좋은 다섯 가지 이유 · 183

에필로그 : 아이 말을 기록하며 · 189

추천의 글 미메시스와 언어 | 김지연 · 193

프롤로그 : 아이 말을 읽다?

그랬다. 그 조그만 입에서 나온 말이 참 재미있었다. 휴대전화에 바로 적지 않으면 다 사라져 버릴 것 같았다. 이 순간을 남겨야 했다. 나름 필사적이었다. 아이가 뱉은 말 그대로를 까먹지 않으려고 입으로 되뇌며 한자 한자 적었다. 휴대전화가 없을 때는 그 순간을 잡기 위해서 달력 빈칸에도 적고, 냉장고에 붙어 있는 아무 종이 위에라도 적었다. 그렇게 적고 나면 나도 모르게 미소가 슬며시 지어졌다. 이 세상에서 나만이 찾을 수 있는 커다란 보물을 찾은 것 같았다.

  그게 뭐라고 그 재미있는 말을 식사하다가도 보고, 지나가다가도 보니 그 순간이 다시 떠올라 또 행복해 졌다. 이 기쁨을 혼자 누리기엔 아까워 아이 말이 어떻게 탄생했는지 살도 부쳐가며 한 편의 글을 적기 시작했다. 내 글을 읽고 아내는 우리 아이들 얘기라 재미있다며 아주 좋아해 줬다. 덩달아 몇몇 나의 구독자도 하트를 눌러주니 절로 힘이 났다. 운이 좋아 내 글이 포털 메인에 뜰 때면 하루 종일 구름 위에 떠 있는 기분이었다. 많은 독자가 내 글을 읽는 그 순간만큼은 아이 시절로 돌아가 순수한 행복을 느꼈을 거란 생각을 하니 마음 한쪽이 꽉 차올랐다.
  '그래, 아이 말의 아름다움을 어른들에게 꼭 알려주자!'
  그 마음으로 글이 하나하나씩 쌓이게 되었다.

아이 말을 적어 가면서 알게 되었다. 아이 말이 곧 아이 마음인 것을. 그 마음을 잘 읽어주기 위해서는 아이 말을 먼저 잘 읽어야 한다는 것을. 그런 의미에서 『아이 말을 읽다 아이 마음을 읽다』라고 책 제목을 정했다.

사실, 육아 초기에는 육아가 너무 귀찮고 힘들어서 아이 말을 적기는커녕 아이들에게 강압적인 말을 하며 짜증을 제법 냈었다. 그런 날은 여지없이 아이들에게 너무 미안했고, 무엇보다 스스로가 너무 싫었다. 그래서 육아 책을 읽고, 잘못된 내 말을 하나씩 고치려고 애썼다. 명령보다는 권유와 질문으로 내 말을 바꾸고, 아이의 말을 마음으로 들어주려고 노력했다.

희한한 건 내 말이 부드러워지는 순간 아이 말이 더

잘 귀에 들어왔다. 자녀와의 대화도 편해지고, 나아가 늘 고민이었던 반 아이들과의 대화도 편해졌다. 아이 말을 적고 아이 마음을 읽어주면서 그냥 지나쳤을 아이의 진짜 속마음도 어느 날 매직아이처럼 떠오르기도 했다. '그때 내 말이 아이에게 상처를 줬구나!', '그때 아이는 이런 의미로 말했었구나!'라며.

아이 말을 적을 수 있어서 행복했다. 아이 마음을 더 잘 읽을 수 있어서 행복했다. 모쪼록 아이 말의 아름다움을 담은 이 이야기들을 독자가 재미있게 읽어주면 좋겠다. 오늘은 어딘가에 있는 오래전 아이 사진첩을 꺼내어 아이와 함께 그때 그 시절 이야기를 해 보는 건 어떨까? 나와 독자 아이 모두 웃음꽃이 피는 시간이 되면 참 좋겠다.

제1장
웃음과 울음을 동시에 주는 아들딸

엘리베이터 폭발하겠다

"아들, 옷 갈아입자."

"아빠, 이것만 더 하고요."

"그래, 로봇 만들고, 옷 갈아입고, 어린이집 가자."

"네."

아침부터 다섯 살 아들 어린이집 보내기가 만만치 않다. 대답은 '네'라고 하면서 계속 블록만 가지고 논다. 집 놀이터에 있는 그물 타러 가자고 겨우 꼬셔서 아들 옷을 갈아입혔다. 딸은 벌써 옷을 다 갈아입고 현관에서 우리를 기다리고 있는데 말이다.

운이 좋게도 집 현관문을 나오자마자 엘리베이터가 21층 우리 집 앞에 딱 도착했다.
"땡!"
엘리베이터 문이 열린다.
'헉!'
대형 유모차 한 대가 엘리베이터 한가운데를 떡하니 차지하고 있고, 그 유모차 양옆으로 아기 엄마와 씽씽이를 타고 있는 남자아이 하나가 서 있다. 거기에 재활용 박스를 한가득 가지고 계시는 아줌마 한 분도 보인다. 우리 아들딸 둘, 씽씽이 하나씩, 그리고 나하고 아내까지 탔더니 엘리베이터가 꽉 찬다. 그러고는 문이 스르르 닫힌다.

감탄 대장 아들이 기어이 한마디 한다.

"우와! 사람 많다."

'아들 말이 딱 맞다. 사람이 무지 많다.'

엘리베이터가 속도를 못 내고 천천히 내려가더니 17층에 도착한다.

"땡!"

문이 열리자, 다른 아주머니 한 분이 비닐과 플라스틱 재활용을 한가득 들고 타신다. 몇 걸음 뒷걸음치던 아들이 마음속 말을 기어이 밖으로 크게 꺼내고 만다.

"엄청 좁다. 엘리베이터."

우리 아들 한마디에 좁게 서 있던 사람들이 다들 피식피식 웃는다. 따닥따닥 겨우 서 있는 공간에 웃음꽃이 퐁퐁 핀다.

웃는 사이 엘리베이터가 다시 14층에 멈춘다.

"땡!"

출근하는 직장인 한 분이 탄다. 속으로 더 이상 탈

자리가 있겠나 싶다. 그 생각과 동시에 아들이 불쑥 내뱉는 한마디.

"엘리베이터 고장 나겠다."

아들은 정말 걱정되어서 한 말이겠지만, 아들의 말에 사람들이 너나 할 것 없이 웃는다.

"괜찮다."

"하하하."

"호호호."

사람들이 웃는 사이에 엘리베이터가 5층에서 마지막으로 한 번 더 멈춘다.

"땡!"

운동하러 가는 어르신 두 분이 타신다. 그분들이 탈 수 있게 벽 쪽으로 바짝 붙는다. 자리도 없고 마스크 때문에 숨쉬기도 버겁다. 바로 그때, 맨 처음에 타고 있던 조용하게 서 있던 씽씽이 남자애가 한 마디로 이 상황을 평정해 버린다.

"엘리베이터 폭발하겠다."

그 말에 서로서로 잘 모르는 주민들 모두가 하하하, 호호호, 크크크 거리며 엘리베이터 안이 웃음바다가 되었다.

아이들이 아니었다면 그 안이 얼마나 삭막한 곳이 되었겠는가? 다들 서로 눈치 보고 인상 찌푸리며 불편하게 서서는 시간만 가길 기다리지 않았겠는가!

우리 아이들이 꽃이다.
너희들 덕분에 웃는다.

아주 짧고도 길었던 그 시간, 엘리베이터 안에서 이웃 간에 웃음꽃이 활짝 핀 시간이었다.

북극곰 사건

 땀이 이마에서 삐질삐질 날 정도로 햇볕이 뜨겁다. 조금만 움직여도 옷이 몸에 쩍쩍 달라붙을 정도로 습도가 여간 높은 게 아니다. 이런 불쾌한 날씨에 에어컨 사용도 급격히 늘어 우리나라 전력 공급에 비상등이 깜빡깜빡 켜졌다. 이런 무더위의 여파인지 다섯 살 아들도 어린이집에서 전기 절약의 중요성에 대한 수업을 배운 모양이다.

하루는 전기를 많이 쓰는 외할머니 때문에 걱정이 되었는지, 아들이 외할머니 집에 있다가 집에 가는 길에 이러는 게 아니겠는가!

"전기를 계속 쓰면 북극곰이 사냥을 못 한대요. 할머닌 근데 계속 선풍기 틀어 놓던데요."

"뭐… 북극곰…?"

선풍기와 북극곰 둘 관계가 전혀 이해가 안 되어 몇 초간 버벅거렸다.

"네. 북극곰이 사냥을 못 한대요."

한 번 더 강조하는 아들 말에 비로소 이해했다.

"아! 우리 아들, 사람들이 전기를 많이 쓰면 지구가 더워지고, 얼음이 녹아 없어져, 북극곰이 사냥을 못 할까, 걱정됐나 보네."

"네. 맞아요. 그래서 전기 아껴 써야 해요."

"아이고, 우리 아들 이제 다 키웠네. 전기의 소중함도 알고."

그렇게 아들의 북극곰 이야기는 그걸로 끝이 나는 줄 알았다. 그런데 며칠 후, 다시 북극곰 사건이 터지고야 말았다.

아침 일곱 시도 안 됐는데 너무 더워서 아내가 선풍기를 튼 게 사건의 발단이었다. 아내가 선풍기를 켜자마자 갑자기 아들이 엄마한테 세게 한마디 하는 게 아닌가!

"엄마, 전기 아껴야 해! 전기 아껴야 해!"

그러면서 아들이 바로 선풍기 전원을 꺼버리는 게 아닌가! 아들의 눈빛과 표정을 보니 전기 절약을 실천하는 환경 실천가 저리 가라였다.

너무 더워 열 식히려다 열이 더 나는 아내는 어이가 없어서 선풍기는 못 켜고 아들에게 진지하게 물었다.

"아들! 그럼, 더우면 어떻게 해요?"

아들의 입에서 어떤 대답이 나올지 궁금했는데 순

간 뭘 먹느라 못 들었다. 아들 말을 들은 아내가 곧이어 하하하 웃는다.

"아내? 아내? 아들 뭐라고 하던데?"

궁금해서 아들 안 들리게 아내에게 살짝 물어보니 이러는 게 아닌가!

"시원한 물 먹는 수밖에 없다네."

"하하하."

"하하하."

요즘 너무 더워서 웃을 일도 잘 없었는데 아들 덕분에 아침부터 아내와 나는 신나게 웃었다. 아내는 북극곰이 얼음 위에서 사냥할 수 있게 당분간 선풍기는 못 켜고, 시원한 물 먹고 살아야 할 것 같다. 선풍기를 아주 아주 좋아하는 불쌍한 우리 아내.

"더울 땐 시원한 물이 짱이지!" 하며 벌컥벌컥 물 마시는 다섯 살 아들. 아들은 시원한 물만 있으면 더위도 피하고, 전기도 아낄 수 있고, 북극곰이 사냥도 할 수 있다고 믿는다. 어린이집에서 좋은 것을 알려주면 배운 그대로 실천하는 아들이 대견스럽기도 하고 웃기기도 했다.

나도 날씨가 너무 더우면 아들처럼 시원한 물 한 잔 벌컥벌컥 마시며 북극곰을 생각하며 더운 여름을 이겨내야겠다.

아빠의 필살기 딸기 도넛

"아빠! 왜 또 일하러 가는데에에에… 잉 잉잉…."

평소 씩씩하게 "아빠, 다녀오세요."라고 인사하던 다섯 살 아들 모습이 오늘은 전혀 아니다. 얼른 다가가 아들을 가슴 품에 꼭 안아준다. 얼마나 진심이었던지 아들 몸이 부들부들 떨리고, 숨이 헉헉거려 아들을 달래준다.

"우리 아들 잘 잤어?"

"으으응 으으응."

연신 고개를 흔들며 아들이 운다.

"아빠 얼른 갔다 올게."

"아빠, 미워. 잉잉잉 이이잉이이잉…."

내가 달래주니 울음이 더 나는 아들. 울수록 난 출근길이 더 힘들어진다.

"아빠 왜 일하러 가는 거야아아?"

일하러 가지 말고 자기랑 꼭 있어 달라는 아들의 간곡한 외침이 이어진다.

"돈 벌러 가지. 돈 벌어서 아들 맛있는 거 사줘야지."

"…."

평소 같으면 진작 통했을 '맛있는 것'도 오늘은 전혀 안 통한다.

"아빠, 갈게."

회사 간다는 내 말에 기어이 아들 최종 주특기가 나온다. 안방 이불속에 얼굴을 파묻고는 대성통곡을 한다.

"잉잉잉 이이잉이이잉. 아빠, 아빠 가지 마. 가지 마."

타야 할 7시 지하철은 이미 포기했다. 신발을 벗고는 안방으로 가서 아들을 조심히 지켜본다. 엄마의 따뜻한 품속에서 진정이 된 아들의 모습을 보니 마음이 놓인다. 그 틈을 놓치지 않고 아내는 얼른 가라는 신호를 준다. 말없이 그냥 가면 또 한 바탕 난리가 날 것 같아 아들에게 출근 인사를 한다.

"아들! 아빠 간다."

진정이 된 아들이 그제야 평소처럼 달려 나오는데 얼마나 많이 울었던지 눈 주위가 많이 부었다. 속상한 마음을 달래기 위해 아들이 좋아하는 거로 한 번 더 화제를 바꾸어 본다.

"아들, 저녁에 아빠 뭐 사 올까?"

"딸기 도넛요… 흑흑흑….'

'휴~! 출근할 수 있겠다.'

"아들, 딸기 도넛 몇 개 사 올까?"

아들이 수줍게 검지 하나를 든다. 하나면 부족할 것 같아 다시 물어본다.

"하나 사 올까? 두 개 사 올까, 아들?"

울먹울먹하며 아들이 얼른 손가락 하나를 더 들어 올려 두 개로 바꾼다.

'하하하.'

"아빠가 아들 좋아하는 딸기 도넛 두 개 사 올게."

그제야 기분이 좋아졌는지 아들이 울음을 애써 참으며 고개를 끄덕인다.

'딸기 도넛' 마지막 필살기가 다행히 통했다. 마음이 안정되었는지 아들이 안방으로 후다닥 달려간다. 이 상황을 조용히 다 지켜보고 있던 센스쟁이 여섯 살 딸이 이 좋은 기회를 놓칠 순 없다.

"아빠, 저도 초콜릿 도넛 두 개요."

속으로 다시 하하하 웃는다.

아침 출근길, 잠이 덜 깨서 대성통곡한 아들 울음소리가 출근길 내내 들렸다. 아빠를 위해서 그렇게 울어주니 내 존재가 그렇게 소중한 걸 알게 된다. 다섯 살 아이에겐 아빠가 이 세상에서 가장 소중한 존재인 모양이다.

나의 긴 하루

    초등 1학년 담임인 나, 직장에선 스무 명이 넘는 여덟 살 아이들과 참 바쁜 하루를 보냈다. 퇴근해서는 곧바로 어린이집에 가서 딸과 아들을 데리러 간다. 지하철 시간과 버스 시간을 칼같이 맞춰 어린이집에 갔건만, 아들은 아빠를 보고 반갑게 맞아 주기는커녕 불평 한가득하다.
    "또 아빠예요? 엄마 보고 싶단 말이에요. 엄만 도대체 언제 와요?"

딸 말이 더 가관이다.

"아빠, 좀 더 늦게 와요. 아빠 일찍 와서 우리 못 놀았단 말이에요."

하원 시간에 늦지 않게 아이들을 데리러 왔는데 아들은 엄마가 안 와서 토라지고, 딸은 내가 일찍 와서 못 놀았다고 투정이다. 아들딸 둘 다 어린이집에서 안 가려고 버티고 있으니 어린이집 선생님이 내게 살며시 다가와서는 이런다.

"제가 어린이집에 오래 있었는데 부모님 보고 늦게 오라고 하는 애들은 처음 보네요."

"아, 네. 하하하."

그 틈을 놓치지 않고 아들딸이 선수 친다.

"저희 놀다 올게요."

"… 그래, 딱 10분 만이다."

"네."

아들딸은 그 십 분이 뭐라고 놀고 났더니 싱글벙글한다.

하지만 이제부터가 진짜 시작이다. 아들딸을 데리고 걸어서 십여 분 거리에 있는 집에 가기가 쉽지 않다. 곳곳이 편의점 거미줄이라 아들딸이 편의점 그물에 바로 달라붙었다.

"아빠, 편의점 가요."

"이번에 딱 한 번만이에요."

"제발요. 제발요."

"먹고 싶은 게 있다니까요."

둘 호흡이 척척 맞다. 마치 대본을 짠 듯 둘이 내 손을 하나씩 잡아끌고는 그 무거운 편의점 문을 힘차게 밀고 들어가기 시작한다. 이럴 땐 어디서 그런 괴력이 나오는지 알다가도 모르겠다.

그렇게 편의점에 들어가면 최소 십 분이다. 아들딸은 새로운 놀이기구를 발견한 듯 상품 하나하나를 아주 꼼꼼하게 살펴보고 또 살펴본다. 고르는 데 뭐가 그렇게 오래 걸리는지 "빨리 골라요." 소리는 예전에 이미 포기했다. 편의점 안에서 난 체조하며 평정심을 찾는 게 낫다.

"아빠, 하나 더 사면 안 돼요?"

"과자만 먹으면 목마르단 말이에요."

하나만 고르라고 했더니 과자를 사면 음료수가 생각나고, 음료수를 사면 과자가 생각난 모양이다.

"음료수도, 음료수도 같이 사주세요. 제발요~ 아빠~."

"그래, 두 개 다 골라라."

"오예~ 아빠! 최고!"

결국, 또 내가 졌다. 아들딸은 양손에 과자와 음료수 하나씩 들고 룰루랄라 계산하는 곳으로 달려간다.

"이건 무슨 맛일까?"

"나눠 먹자."

"그래."

"휴~."

내 가방은 장바구니 신세. 가방 속 책도 무거운데 아이들이 산 과자 두 개와 음료수 두 개를 넣었더니 어깨가 축 늘어진다. 집까지 가는 길이 멀구나! 멀어.

과자와 음료수를 산 건 벌써 다 잊어버렸는지 집 놀이터에 도착해서는 아들딸이 노는 데 푹 빠졌다.
"아빠, 그네 밀어주세요."
"전 삼십 개요. 크크크."
"전 백 개요. 킥킥킥."
"저 하늘 끝까지 보내줄게. 하하하."
"으악!"
"우하하."
아들딸 둘 다 웃으며 좋아하는 모습에 나도 덩달아 웃음이 난다. 이 찰나의 순간, 해맑은 아이들 웃음이 바로 최고의 몸과 마음 치료제다. 신나게 놀다 보니 아들딸은 둘 다 배가 고픈지 조금 전에 산 과자와 음료수를 찾는다. 어느 정도 먹고는 다시 또 놀러 가는 녀석들.

'집에는 도대체 언제 가나?'

어린이집에 들렀다가, 편의점에 갔다가, 놀이터에 갔다가, 집에 오니 해가 뉘엿뉘엿 지기 시작한다.

간식을 먹었어도 배고프다고 저녁밥을 꼭 찾는 딸을 위해 볶은 김치와 계란 후라이로 저녁을 뚝딱 해결했다. 그런데 식탁 밑에 떨어진 각종 반찬과 밥풀에 곳곳이 지뢰밭이다. 이 발 저 발밑에서 밥풀 지뢰가 사정없이 터진다.

"펑!"

"팡!"

"퍼버벙!"

"휴~."

설거지는 에라 모르겠다. 그릇을 모두 싱크대로 보냈다. 아이들 하나씩 씻겨주고 말려주고 옷 입혀주니 난 시어빠진 파김치 신세가 되어버렸다. 다행히도 아이들이 책 보는 황금 시간에 후다닥 나도 샤워를 끝냈다. 샤워한 그 개운한 힘으로 이불을 펴고 아이들을 재운다. 아이들에게 책 읽어주다가, 산수 문제 내 주다가, 내가 먼저 꿈나라로 가 버렸다.

'설거지는 일하고 온 아내가 해 주겠지…'

그렇게 생각하며 잠이 들어버렸다. 그렇게 나의 하루가 지나가 버렸다.

눈 뜨면 집에 아이들이 있고, 직장에 가도 아이들이 있고, 다시 집에 와도 아이들이 있는 현실. 내가 아이들에게 잘해주고 못 해 주고를 떠나, 아이들 옆에 지금은 그저 있어 주는 게 최고의 순간이 아닐까, 생각해 본다.

쌓여가는 보물들

집에 있는 삼단 책장엔 어린이집에서 만든 아들딸 작품들로 빼곡하다. 하루는 너무 지저분해 보여 당장 치우고 싶었다. 딸에게 물어보니 한사코 안 된다고 그런다.

"딸, 이거 이젠 버려도 돼?"

"안 돼! 내가 소중히 만든 거란 말이야. 절대 버리지 마!"

딸의 강한 어조에 버리지도 못하고 날이 갈수록 책

장 위에 보물들이 쌓이고만 있다.

  아들도 마찬가지다. 한 번은 아들이 만든 굴착기 레고를 아들 몰래 정리했다가 대역죄인이 되어 "아빠가 잘못했다."만 수십 차례 말했다. 늘어만 가는 아이들 작품들을 버리지 못해 늘 고민이다.

  오늘도 아들딸을 데리러 어린이집에 왔다. 그런데 문밖으로 나온 아들 손에 알록달록한 보물들이 먼저 눈에 들어온다. 수업 시간에 아들이 최선을 다해서 만든 작품이지만 마냥 반갑지만은 않다.

  '아… 저거 또 어쩌지….'

  아들은 아빠의 마음도 모르고 자랑할 생각에 싱글벙글 들떴다. 쌓이는 책장을 떠나서 이때는 아들의 보물 자랑을 제대로 들어줘야 한다. 제대로 안 들어줬다간 큰일 난다.

  "아빠, 듣고 있어요? 이야기하고 있잖아요. 제발 보

세요."

 이 소리를 몇 번이나 더 들어야 하는지 모른다. 그러니 아들이 소중하게 만든 작품에 진심으로 반응해 주고, 칭찬해 줘야 한다.

 오늘은 자세히 보니 보물이 두 개나 된다. 양손에 보물을 꼭 쥐고는 아들이 자랑한다.
 "아빠, 내가 나비 만들었어요. 보세요. 팔랑팔랑 날개 엄청 멋있죠?"
 "우리 아들, 나비 색깔이 참 곱다. 날개도 크고."
 "네. 대왕 날개 나비예요."
 "아들, 근데 오른손에 들고 있는 건 뭐야?"
 "아이스크림 만들었어요."
 "와우! 정말 잘 만들었네!"
 "클레이로 만들었어요. 제가 색깔 다 섞어서 만들었어요."

"진짜 아이스크림 같네!"

이 정도 반응이면 아빠로서 정말 잘하지 않았는가?

그런데 예상치 못한 아들 말에 빵 터진다.

"아빠! 진짜로 먹으면 안 돼요."

"하하하하하! 안 먹을게! 하하하하하!"

다섯 살 아들이 한 농담에 진짜 웃음이 나와서 한참을 웃었다.

"아빠, 그리고 사실 선생님이 조금 도와줬어요. 히히."란 말도 가는 길에 아들이 빼놓지 않았다.

집 책장 위에 보물 두 개가 추가되었다. 언제 저 소중한 보물들을 정리할 수 있을지 모르겠다. 그런데 아이들만 즐겁다면 쌓여가는 보물쯤 당분간 한가득 쌓아놔도 괜찮지 않을까?

아이들에게는 그 작품들이 진짜 보물일지도 모르

니까. 내가 만들었고 그렸다는 뿌듯함과 성취감이라는 진짜 보물 말이다. 저렇게 아이들이 좋아하니 당분간 나만 신경 쓰지 않으면 될 것 같다.

얼음과자와 쭈쭈바

 딸아이가 네 살쯤에 어린이집에서 〈얼음과자〉 노래를 배워오더니 그렇게 열심히 불렀다. 딸 목소리가 너무 귀엽고 예뻐서 휴대전화 벨 소리를 딸아이 버전으로 아예 바꿔 놓았다. 전화가 오면 한 번씩 들려오는 노랫소리에 아들도 어느새 가사를 모두 외워버렸다. 그런데 이 노래 가사 때문에 웃긴 일이 생길지 누가 알았겠는가!

오후 다섯 시가 넘었는데도 기온이 33도다. 너무 더워 도저히 못 참겠는 날씨라 아들딸에게 내가 먼저 아이스크림을 먹자고 해버렸다.

"아들딸, 너무 더운데 쮸쮸바 사 먹으러 가자!"

나도 모르게 어릴 적 많이 불렀던 쮸쮸바란 단어가 내 입에서 나와버렸다. 처음 들은 단어에 고개를 갸우뚱하고는 딸이 물었다.

"아빠, 쮸쮸바가 뭐예요?"

"아! 하하하. 아이스크림이야, 아이스크림이야. 하하하."

잠시 생각에 잠기던 딸이 호기심 가득한 눈으로 또 물어본다.

"왜 쮸쮸바예요? 쭉쭉 짜 먹어서 그런가?"

"아! 맞네. 우리 딸. 그래서 쮸쮸반갑다. 하하하. 딸 덕분에 아빠도 처음 알았네. 덥다 더워. 얼른 쮸쮸바

사 먹으러 가자!"

"네~."

 그렇게 기분 좋게 슈퍼마켓으로 가서는 나는 소다 맛, 아들은 포도 맛, 딸은 딸기 맛 쭈쭈바를 하나씩 골랐다. 평소 놀이터라면 자다가도 벌떡 일어나 갈 만큼 좋아하는데 오늘은 아파트 놀이터는 쳐다보지도 않고 아들딸이 집으로 직행했다. 게다가, 평소 손을 씻으라고 해야 마지못해 손을 씻는데 오늘은 저희가 먼저 손을 씻겠다고 서로 난리다.

"아빠! 손 씻고 쭈쭈바 먹을래요."

"내가 먼저 씻을 거야."

"내가 먼저야!"

'아이스크림의 위력은 대단하다 대단해!'

 난 뭐 좀 정리하느라 뒤늦게 손을 씻고 나왔더니 이

미 둘이서 편안한 소파에 앉아서는 쭈쭈바를 맛있게 먹고 있는 게 아닌가! 아들은 얼마나 맛있게 먹던지 순식간에 포도 맛 쭈쭈바를 다 해치워버렸다. 그러고는 소다 맛을 먹고 있는 나를 한참이나 부러운 듯 쳐다봤다. 기다리다 기다리다 도저히 못 참겠는지 아들이 드디어 본심을 말한다.

"아빠, 소다 맛! 소다 맛! 하나 더 먹고 싶어요."

슈퍼마켓에서 소다 맛을 살지 포도 맛을 살지 한참을 고민하던 아들이 못 먹은 소다 맛도 궁금한 모양이다.

"아들, 아빠꺼 남은 거 좀 줄까?"

"안 돼요. 코로나 걸려서 안 돼요!"

"하하하."

"더 먹고 싶어요. 아빠아아아아."

많이 먹으면 배탈이 날까, 걱정이 돼서 아들을 달래본다.

"아들, 쭈쭈바 하나 더 먹으면 배 아파요."

그런데 내 말이 끝나자마자 아들이 강한 어조로 논리를 펼치는 게 아닌가!

"아니에요. 배 안 아파요. 어어 얼음과자 두 개 먹어도 된다고 했어요. 이만 시려요. 세 개 먹어야 배 아파요. 두 갠 돼요."

"…"

할 말이 없었다. 아들이 노래 가사를 이용해 아이스크림을 두 개까진 먹어도 괜찮고, 세 개 먹어야 배가 아프단 걸 주장하고 있었다. 아들의 설득력 있는 말에 결국은 소다 맛 쭈쭈바 하나를 더 사주고야 말았다.

"우아! 이거 진짜 맛있다. 나 앞으로 소다 맛만 먹을래요, 아빠."

"하하하."

노래 가사를 응용해 쭈쭈바 두 개를 기어이 먹는 아들 모습이 참으로 해맑았다. 그나저나 우리 남매와 전국의 아이들을 위해서라도 〈얼음과자〉 노래 가사는 두 개 먹으면 배가 아프다고 바뀌면 좋을 것 같다. 그러면 아들이 아무 말 못 하겠지. 하하하.

엄마는 소중하고 예뻐서 안 돼!

"아이고! 허리야! 허리야!"

허리 아프단 소리에 아들이 쪼르르 달려와서는 그 조그마한 두 손으로 내 허리 주위를 조몰락조몰락한다.

"아이고! 시원해! 우리 아들 마사지 잘하네. 근데 마사지는 어디서 배웠어?"

아들이 마사지해 주는 것이 처음이라 궁금해서 물

었다.

"어린이집에서 배웠어요. 어른들이 힘들어할 때 해 주래요."

"하하하. 그래? 어린이집 선생님께 잘 배웠네, 우리 아들. 이제 다 키웠네."

허리를 토닥토닥 두드리면서 "아빠, 나아라!" 소리를 열 번이나 넘게 해 주는 아들. 그러더니 이내 지친다.

"아빠, 힘들어 죽겠어요."

"그래, 아빠 이 정도면 다 나았어. 고마워! 우리 아들."

하지만 그 고마웠던 아들 두 손이 잠시 후 장난기 가득한 손으로 변할지 누가 알았겠는가!

저녁 식사 시간이 찾아왔다. 밥은 안 먹고, 볶아 넣은 어묵만 입에 넣고 도망가는 녀석들. 목이 말랐는지 아들이 얼린 요구르트를 급히 찾는다.

"아빠, 저 요구르트 아이스크림 주세요."

"밥 먹고 나서 먹자."

"네, 밥 먹고 먹는 거예요. 약속하는 거예요."

"알겠어. 아들."

짜장면에 하얀 곰탕 국물과 어묵볶음을 맛있게 먹고는 약속대로 요구르트 아이스크림을 먹는 아들딸. 저희끼리 숟가락을 꺼내서 언 요구르트를 팍팍 퍼서는 맛있게도 먹는다.

"내 건 왕건이지."

"내 거도 왕건이지."

"하하하. 이건 쪼꼬미네."

"내 것도."

숟가락으로 푼 요구르트 크기 가지고 말장난하는데 서로 웃고 난리다. 요구르트가 꽝꽝 얼어있어 숟가락에 너무 힘을 주는 바람에 요구르트 파편들이 퐁퐁

퓽 사방으로 날아간다. 옷에도 묻고 얼굴에도 묻고 바닥에도 두두두 사정없이 떨어진다. 언 요구르트 하나 가지고 이렇게 즐겁게 놀 수도 있는지 아이들에게서 또 배운다.

아이들이 즐겁게 노는 동안 난 소파에 누워 마사지 기계를 갖다 댔다. 눈을 감고 가만히 쉬고 있는데 순간 등이 엄청 차가운 게 아닌가!

"아! 차가워!"

"크크크."

아들이 언 요구르트를 들고 있던 차가운 손을 내 등에 넣은 거였다. 깜짝 놀란 내 표정과 반응이 재미있어 아들이 한참을 깔깔깔 웃으며 뒤로 넘어갔다. 한 번 재미를 들였더니 아들이 이번엔 차가운 자기 손을 내 팔에 또 올리는 게 아닌가!

"아! 차 워!"

"크크크."

다섯 살 아들이 함박웃음을 짓는다. 장난도 제법 칠 줄 알고, 정말이지 제법 많이 컸다. 다시 생각해 보니 나만 당할 수가 없어서 아들에게 엄마도 해 보라고 떠본다.

"아들, 저기 엄마한테 가서도 좀 해."

당연히 엄마한테도 장난칠 줄 알았는데 아들이 정색하며 이렇게 말하는 게 아닌가!

"엄마는 소중하고 예뻐서 안 돼!"

"하하하. 뭐라고 아들? 왜 엄만 안 된다고?"
"엄만 피부가 부드러워서 안 돼. 엄만 예뻐서 안 돼!"
"하하하."

기가 막히고 코가 막혀 난 한참을 웃었다. 멀리서 밥 먹고 있던 아내도 그 소리를 듣고 호호호 웃었다.

아들에겐 아빠는 장난쳐도 되는 친구 같은 존재이고, 엄마는 장난치면 안 되는 예쁜 엄마 그 자체임을 이번 기회에 제대로 알게 되었다.

그 앙증맞은 두 손으로 아빠 허리도 주물러 주고, 아빠한테만 장난치는 아들. 엄마 피부는 부드러워서 혹시나 피부에 안 좋을까 봐 차가운 손을 올려놓으면 안 된다는 아들. 그 아들이랑 당분간 알콩달콩 살 것 같다.

제2장
아들딸에게 배우다

크으윽, 퉤!

아이스크림이 저절로 생각나는 무더운 여름날. 아들 손 잡고 편의점 모퉁이를 도는데 웬 아저씨 한 분이 야외테이블에 앉아 시원한 캔맥주를 경쾌하게 "딱" 소리 내며 따는 게 아닌가!

'캬!'

보기만 해도 시원하고 부러워 보여 나도 상상으로는 아저씨 옆에서 벌컥벌컥 들이마시고 있었다.

그런데 그 아저씨가 맥주를 한 모금 마시고는 침을

크으윽 들이마시고 땅에 탁 뱉는 게 아닌가! 더 황당한 건 아들이 내 손을 잡고 가다가 그 아저씨를 정확하게 따라 하는 거다.

"크으윽, 퉤!"

아들이 진짜 침을 바닥에 뱉길래 너무 놀라 순간 아무 말이 안 나왔다.

"아들, 그런 거 따라 하면 안 돼요."

"왜요? 아빠?"

"침을 땅에 뱉는 건 안 좋은 행동이에요."

"왜요? 아까 그 아저씨도 하던데요. 왜 전 안 돼요?"

"그건… 예의 없는 행동이야…."

계속 '왜요'만 하는 아들 앞에서 왜 땅에 침을 뱉으면 안 되는지 설명해 주느라 한참이나 혼났다. 아이들 앞에서는 어른들이 하고 싶은 것도 좀 참았으면 좋겠다. 안 좋은 걸 바로 배우는 우리 아이들이기 때문이다.

며칠 전만 해도 그렇다. 어떤 엄마 한 분이랑 여섯 살 정도 되어 보이는 아이 하나가 신호등 초록 불을 기다리고 있었다. 바로 그때, 빨간불인데도 어른 여러 명이 무단 횡단을 아주 자연스럽게 하는 게 아니겠는가! 그 여섯 살 아이가 다 보고 있는데도, 아랑곳하지 않고 신호등을 지나가는 어른들 모습에 내가 어디라도 숨고 싶었다.

그 모습을 보고 그 아이는 과연 무슨 생각을 했을까? '빨간 불이어도 차가 안 오면 저 어른들처럼 건너도 괜찮구나!'라고 어른들이 자연스럽게 가르쳐주고 있는 거나 다름없었다.

좋은 것도 잘 따라 하는 아이들이지만, 안 좋은 것은 더 잘 따라 하는 게 아이들이다. 우리 어른들의 선택에 아이들이 보고 배우며 자란다. 아이를 가르치기 전에 어른인 우리가 행동으로 먼저 잘하자.

 맥주 아저씨를 따라 침을 뱉은 아들의 "크으윽, 퉤!" 하는 모습이 계속 생각나 속으로 웃었지만, 집에 가는 내내 마음이 씁쓸했다.

누나 다 나아!

주말 아침 딸아이 체온을 재니 열이 38.7까지 올라갔다.

"아(아이) 그래 놔둬선 안 된다."

장모님의 말 한마디에 곧바로 딸을 아동병원으로 데리고 갔다. 그리고 이내 결과가 나왔다.

"피에 염증 수치가 높게 나와서 입원하는 게 좋겠어요."

사나흘 지나도 열이 떨어지지 않는 이유가 다 있었다. 장모님 말을 들어서 망정이지 계속 집에만 놔뒀더라면 딸이 얼마나 더 고생했을지 모를 일이었다. 딸의 입원 소식에 아내는 혼자서 딸을 병원에서 간호하기로 하고, 나와 아들은 집에 있기로 했다.

그날 저녁에 다섯 살 아들을 재우려고 하니 아들이 갑자기 병원에 있는 엄마와 누나를 애타게 찾는 게 아닌가!

"아빠, 누나 보고 싶어요. 엄마 보고 싶어요."

"아들, 아침에 누나랑 엄마 보러 가자. 지금은 잘 시간이야. 자자."

"누나 보고 싶어요. 엄마 보고 싶어요."

내가 아들을 달래봐도 아무 소용이 없었다. 그러다가 어디론가 사라지는 아들. 뭐 찢는 소리가 들리더니 아들이 종이 한 장과 색연필 하나를 가져왔다.

"아빠, 제가 지금 말하는 거 여기 적어요."

"어?"

"이거 누나한테 내일 아침에 갖다 줄 거예요. 이거 편지예요."

"그래. 불러줘요."

다섯 살 아들의 말을 한 줄 한 줄 받아 적었다. 그러고는 다 쓴 편지를 아들이 자기 가방에 넣고 왔다.

"아빠, 내일 아침에 누나 꼭 보러 가요. 편지도 줘야 해요."

"그래. 아들 잘 자고."

그렇게 자기 속마음을 다 말하고 아들이 잠이 들었다.

내가 아들 가방을 열어 편지를 읽어보니 마음이 짠하다. 누나를 보고 싶은 동생의 마음을 어떻게 이렇게 솔직하게 표현할 수 있을까!

누나 다 나아!

나 이제 슬퍼!

누나 말 이제 잘 들을게!

누나 보고 싶을 거야!

이제 누나랑 같이 만나자!

-준-

 진정한 속마음을 전할 때는 손 편지가 최고라는 걸, 생일 카드를 쓰고 받으며 마음으로 배운 아들에게 어른인 내가 한 수 배운다.

 평소에는 그렇게 누나랑 다투고 누나가 제일 밉다고 하는 아들인데, 오늘은 생각지도 못하게 누나랑 생이별하게 되었으니, 아들이 누나라는 존재 자체의 고마움을 절실히 느꼈나 보다. 누나랑 놀지도 못 하고,

잠도 같이 못 자니, 집이 자기 생각엔 친구 한 명도 없는 텅 빈 놀이터나 다름없었을 게다.

다행히도 아들 편지 덕분인지 딸은 이틀 동안 병원에서 잘 먹고 잘 자고 약도 잘 먹어서 건강하게 퇴원했다.

그리고 지금 집에 온 딸이 소리 지르며 소파에서 방방 뛰고 놀고 있다.

"아빠! 노트북 틀어주세요! 카봇 보여주세요."

이제는 살만한지 아무 힘이 없던 딸이 고래고래 고함까지 지른다. 그러고는 조금 전에 만든 블록 때문에 의견이 맞지 않아 동생이랑 티격태격한다.

"내가 만든 거야. 이거."

"아니야. 내가 만든 거야. 이거."

"준이 싫어."

"나도 누나 싫어."

"반사."

"반반사."

이틀 동안 고요하던 집이 다시 시끌벅적해졌다.

어디서 많이 보고 듣던 이 모습, 이 소리. 이게 그렇게 행복한 일인지 처음 알았다. 딸이 아프고 나서야 아들딸 다투는 일상이 얼마나 소중한 일인지 다시금 알게 되었다.

건강해야 아이들이 시끄럽게 소리 지르고, 다투고, 노는지를 육아하면서 알게 된다.

복숭아, 엄마 하나 주면 안 돼?

친동생이 내 생일이라고 천도복숭아 한 상자를 우리 집 문 앞에 두고 갔다. 들고 와서 상자를 열어 보니 주황과 노랑의 절묘한 조합에, 보기만 해도 먹음직스러웠다. 게다가 달콤한 복숭아 향이 이내 거실을 감싸는데, 입에 침이 고여 당장 안 먹을 수가 없었다.

아들딸도 나처럼 얼른 먹고 싶은지 한목소리로 노래했다.

"천도복숭아!"

"천도복숭아!"

아니나 다를까 껍질을 깎으니 향 못지않게 복숭아 특유의 과즙이 줄줄 흘러내렸다. 한 조각 입에 넣으니, 입에서 사르르 녹았다. 참지 못한 아들도 잽싸게 달려들어 두 조각을 동시에 입에 넣고는 연신 엄지만 날렸다.

"아들, 맛있어?"

내 물음에 말하는 시간도 아까운지 둘 다 아무 말 안 하고, 그 자리에서 복숭아를 폭풍 흡입했다. 저녁밥도 안 먹고, 천도복숭아 세 개를 아들딸 둘이 다 먹고는 배가 불러 금세 잠들어 버렸다.

다음 날 아침, 일찍 일어난 난 뭐 먹을 게 없나 기웃거리니 천도복숭아가 제일 먼저 눈에 들어왔다. 그런데 자세히 보니 삼 분의 일 정도가 뭉그러지고 푸르뎅

뎅해서 빨리 안 먹으면 전체가 다 썩을 것 같았다. 칼로 썩은 부분을 도려내고 온전한 부분만 깎아 놓았더니, 나만큼이나 일찍 일어난 아들이 눈곱도 안 떼고는 덥석 집어 먹는 게 아닌가! 입으로는 복숭아를 먹으며 손으로는 블록으로 비행기를 만드느라 늘 떠들썩하던 집이 조용하다.

출근 준비하러 나온 아내가 깎아 놓은 천도복숭아 한 조각을 먹어보더니 깜짝 놀란다.

"여보, 이거 진짜 맛있네요."

"어. 여보. 어제 먹었는데 진짜 맛있더라. 근데 몇 개 썩어 있어서 깎아 놨어요."

아내는 천도복숭아가 다시 먹고 싶어 복숭아를 자기 것인 양 독차지하면서 먹고 있는 아들에게 조심스레 물었다.

"엄마가 하나 먹어도 돼?"

"안 돼~."

밥을 두 그릇이나 먹고 배가 부른데도 천도복숭아를 엄마에게 양보 못 하는 아들에게 아내가 다시 아들을 떠본다.

"아들 많이 먹었잖아."

"그래도 안 돼!"

아들의 단호한 말에 아내가 어이가 없다. 궁금해서 왜 엄마는 먹으면 안 되는지 아들에게 물어본다.

"아들, 왜 엄마가 먹으면 안 돼?"

"아빠가 다시 깎아야 하잖아."

아내와 나는 어이가 없어서 웃는다.

"아빠가 다시 깎아주면 돼? 그럼?"

"엄청 많이 깎아주면… 음… 돼."

아내와 나 헛웃음이 난다. 끝까지 천도복숭아를 혼자 먹으려는 아들의 귀여움이 보인다. 그러자 조용히 이 광경을 지켜보고 있던 딸이 이런다.

"나는 돼."

그러면서 딸이 천도복숭아 한 조각을 들고 설거지 하는 엄마 입에 넣어 준다. "딸, 고마워요!"라고 말하며 아내가 맛있게 먹는다.

그 와중에 아들은 자기가 먹고 싶은 천도복숭아 한 조각이 사라지니 계속해서 구시렁거린다.

"이젠 안 돼! 안 돼! 안 돼!"

아내에게 결국 위로의 한 마디를 내가 날려준다.

"여보, 딸이 줘서 결국 하나 먹었네요."

"네. 하하하."

설거지 다 끝난 아내가 장난삼아 아들에게 한 번 더 물어본다.

"복숭아 엄마 하나 주면 안 돼?"

"아니이이이이이이이이이. 절대 안 돼!"

"하하하."

그렇게 엄마에게 복숭아를 안 주고 옷도 안 갈아입겠다고 아들은 있는 고집을 아침에 다 부리고는 겨우 어린이집 버스를 타고 등원했다. 집에 돌아오니 식탁 위에는 아들 자기 혼자만 다 먹겠다고 남겨 놓은 천도복숭아 조각들이 그대로 남아있다.

출근하는 아내에게 남은 복숭아 한 조각을 입에 넣어 주었다.

아들의 넥스코 사냥

"엄마, 넥스코."

꿀맛 같은 주말 아침에 반가워야 할 아들 목소린데 전혀 반갑지가 않다.

'뭐라고… 벡○○! 그 벡○○ 키즈랜드. 안돼! 제발! 아무런 마음의 준비도 안 돼 있는데 아침부터 키즈랜드라니….'

사실, 아내와 나는 저번에 한 번 갔다가 너무 큰 규모에 아이들 쫓아다니느라, 너무 많은 인파 속에 아이들을 잃어버릴까 봐, 몸과 마음이 다 지쳤던 일이 떠올랐다. 그런 키즈랜드에 아들이 다시 가자고 하니 아내가 어떻게 방어할지 자못 궁금했다.

"비 와서 못 가요!"

'오! 우리 아내 나름 선방했다. 그 짧은 시간에 날씨를 이용한 꽤 괜찮은 생각이다. 이렇게 끝날 것인가?'

"아니야! 아빠가 안에 있다고 했어!"

부인하려야 부인할 수 없는 최고의 카드를 아들이 내밀었다. 안에 있다는 말은 실내에 놀이터가 있다는 말. 비가 와도 전혀 상관없단 아들의 강력한 한방이다.

아들의 케이오 펀치에 아내가 할 말을 잃었다. 그 틈을 아들이 놓치지 않는다. 사정없이 아내를 코너로 몰아붙인다.

"넥스코, 넥스코."

어퍼컷!

"아빠가 안에 있다고 했어어어."

라이트!

"아빠가 안에 있다고 했어어어…."

레프트!

코너로 몰려 쓰러지기 일보 직전, 아내를 구하기 위해 내가 링 안으로 흰 수건을 던진다.

"아들~."

아내를 살리는 나의 한마디는 바로 '아들'이다.

"아빠한테 물어봐야지."

아들의 관심이 엄마에서 아빠로 급선회했다. 아내를 살리긴 했지만, 아들이 무슨 말로 나를 몰아붙일지 걱정이 앞선다. 쏜살같이 달려오는 아들에게 아무런 준비도 못 하고 아들의 원투펀치에 연신 두들겨 맞는다.

"아빠, 넥스코, 넥스코."

"아빠, 넥스코 가서 놀고 싶어."

아들의 마음을 다독이기 위해 상대방의 마음을 읽어주는 심리학 제1원칙을 적용한다.

"우리 아들, 벡○○ 많이 가고 싶은가 보네!"

"네!"

"그럼, 엄마 일어나면 아빠랑 이야기해 보고 말해줄게요."

엄마랑 이야기해 보고 잘 되면 갈 수 있겠다는 희망의 메시지를 아들에게 던진다.

"네에."

일단 방어 성공이다. 아들이 툴툴거리며 거실로 가 장난감을 가지고 논다. 하지만, 아들의 벡○○ 소리에 딸이 눈을 뜨고 2차전에 돌입한다. 1차전이 아주 큰 호수 위에 던진 돌 하나 수준이라면 2차전은 초강력 태풍이다.

아들은 누나라는 강력한 지원군이 생겼다. 아들의 벡○○ 사냥에 커다란 공을 세워줄 최고의 조력자가 나타난 것이다.

"우리 넥스코 가서 재밌게 놀까?"

아들이 누나를 슬쩍 떠본다.

"그걸 나한테 물어보냐? 엄마 아빠한테 물어봐야지."

아직 잠에서 덜 깬 딸은 동생을 지원하기엔 역부족이다.

'제발 이대로 조용히 끝났으면. 가지고 놀고 있는 장난감으로 시선이 옮겨 같이 쭉 놀았으면. 제발… 제발…'

그런 나의 바람은 딸 한마디에 처참히 무너진다.

"아빠! 잠시만요. 내 저금통."

'왜 하필 저금통인가? 저금통을 왜 들고 온단 말인

가? 설마… 설마….'

내가 상상하던 일이 현실이 돼버리고 만다.

"벡○○에 가면 돈 많이 들어가니까 내 돈 사용하려고요! 내 5만 원 있잖아요."

"…."

"엄마 아빠 안 힘들게 제 돈 가지고 갈게요. 엄마 아빠 제가 도와주는 거 맞죠?"

"음… 그래… 엄마 일어나면 얘기해 볼게."

딸의 엄마 아빠 사랑이 고스란히 담긴 한마디였지만 왜 마음은 씁쓸할까? 든든한 돈의 지원을 받자, 아들딸은 이미 키즈랜드에 가서 놀고 있다.

"이 돈 가지고 놀이기구 다 탈 거야. 재미있었던 두더지 게임을 할까? 물고기 게임을 할까? 물 쏘아서 해적 죽여서 없어지는 거 할까?"

"나 무서워!"

"물리치면 되지!"

"그럼 같이하자."

마음이 아주 잘 맞다. 이렇게 잘 맞기도 힘든데. 키즈랜드 갈 수 있다는 생각에 아이들 마음은 풍선처럼 가득 부풀었다.

그런데 갑자기 딸이 엉엉엉 소리 내어 운다. 내가 잠시 책 보고 있는 사이, 딸이 엄마 방에서 엄마랑 안 좋은 이야기가 오갔나 보다. 딸이 '으앙앙앙' 울며 소파에 얼굴을 푹 파묻으며 사정없이 운다. 눈물과 콧물에 머리카락이 뒤엉켜 얼굴이 눈물 콧물 범벅이 되었다. 아무리 달래봐도 소용이 없다.

"아빠! 나 오늘 병원 가야 된데. 흑흑흑. 사마귀 치료하러. 흑흑흑. 엄마가 오늘 병원 꼭 가야 한대. 흑흑흑. 벡○○… 벡○○… 벡○○… 엉엉엉…."

나는 딸에게 갈 수 있다는 희망의 말투를 내비쳤는데 아내는 단호하게 안 된다고 하니 중간에서 내가 아주 당황스럽다.

'어떻게 해야 하나? 어떻게 이 상황을 수습하나?'

머리가 아프고 정신이 어질어질하다. 결국은 내가 사회자가 되어 아들, 딸, 아내가 모두 한곳에 모여 가족회의를 하기로 한다.

"딸, 울지 말고 아빠랑 말로 해 봐요. 지금부터 각자 의견 내 보아요."

"네. 흑흑흑. 전 벡○○요."

"아들은요?"

"저도요."

"아내, 아들딸은 벡○○ 가고 싶어 하는데 어떻게 생각해요?"

"저번에 갔는데 멀기도 하고, 사람도 너무 많고, 애들 따라다니기도 힘들고, 어제부터 코로나 환자 수도 갑자기 늘어 다른 데 가면 안 될까요?"

모두 고민하는 사이에 아내가 집 근처에 있는 조그

만 '실내 놀이터'를 하나 찾았다. 끝까지 안 보려던 딸이 영상을 보더니 관심을 보인다.

"여기도 좋아 보이네요. 저번에 '엘리가 간다'에 나온 곳이랑 비슷해요."

그렇게 고집을 부리던 딸이 반 이상 넘어갔다.

"그럼 딸, 오늘은 여기 갈까? 집 근처니까 피부과에 가서 사마귀도 제거하고 바로 여기 가서 놀자."

한참을 고민하던 딸이 드디어 오케이 사인을 보낸다. 혼자 옷을 갈아입고 가방까지 챙기는 딸. 겨우 벡○○ 사건이 일단락되었다.

아들의 떼가 딸의 떼로 이어진 아침이었다. 그러고 보면 진정한 승리자는 아들이다. 재주는 딸이 부리고 또 다른 놀이터는 아들이 챙겼으니 말이다.

폭풍이 휘몰아치고 조용히 생각해 보니 딸에게 정말 미안하다. 나와 아내 둘이 의견을 미리 맞춰 알려줬으면 딸이 그렇게 울고불고하지 않았을 텐데 말이다. 다음에 이런 일이 있으면 미리 아내와 상의해서 아이들에게 일치된 의견을 알려줘야겠다.

애 키우면서 또 하나 배운다. 육아는 떼와 협상의 연속이라는 걸.

아빠, 선 밟으면 안 돼요!

 월화수목금 스트레이트로 학교에서 1학년 아이들과 보냈더니 쓰러질 것 같다. 다행히 내일이 주말이라 힘이 난다. 애들 손 잡고 하원하는 길에 내가 더 신이 나서 "오늘은 금요일. 주말이다!"라고 외쳤더니 아들이 한술 더 뜬다.

 "예! 내일은 어린이집 안 가는 날이다."

 딸도 맞장구를 친다.

"일요일도 어린이집 안 가는 날이다."
"하하하."

깜짝 놀랐다. 우리 남매들이 요일 순서도 정확히 알고 토요일 일요일엔 어린이집 안 가는 걸 기억하고 있어서. 내가 기분 좋은 걸 아는지 "아빠, 맛있는 거 사줘요!"라고 아들딸이 훅 들어온다.

"그래, 오늘 금요일이니까 아빠가 쏜다."
"오예!"

룰루랄라 셋이 편의점에서 맛있는 과자를 고르고 집으로 향하는 길이 마냥 즐겁다.

기분이 좋은지 아들이 갑자기 건널목을 건너기 전에 내게 미션을 준다.

"아빠! 하얀색만 밟는 거예요!"

아들이 건널목에 있는 검은색 말고 하얀색만 밟으라고 한다. 내 손을 잡고 건널목 하얀색 위로만 폴짝폴짝 뛰는 아들. 그 모습을 보니 나도 어릴 때 하얀 선만 밟으려고, 그게 뭐 그리 재밌다고, 안간힘을 쓰며 점프하던 기억이 어렴풋이 났다. 직접 알려준 것도 아닌데 어찌 그렇게 어릴 적 나랑 닮았는지 모르겠다. 그렇게 다 큰 어른이 다섯 살 아들 따라서 건널목 하얀 선만 밟으며 뛰어간다.

"폴짝!"

"폴짝!"

"아빠! 이젠 선 안 밟기예요!"

건널목을 다 건너자, 아들이 또 다른 미션을 준다. 보도블록 사이사이 연결된 선을 안 밟으려고 발끝을 세우고 요리조리 뛴다. 얼마 했다고 숨이 헉헉 찬다.

선 안 밟는 게 힘들어 대충하니까 바로 아들이 내게 꾸중한다.

"아빠도 제대로 해야죠! 어서요!"

"그래!"

"아빠, 선 밟았잖아요! 안 밟고 와야죠!"

"…"

아들의 꾸중에 이거 대충해서는 안 되겠다 싶다. 나도 아들과 똑같이 선 안 밟으려고 발끝을 세워 총총 뛴다. 하다 보니 왜 아들이 이걸 하는지 알겠다. 어른인 나도 재미있다. 그냥 무료하게 걷는 것보다 뭔가 훨씬 신난다. 경기하는 것처럼 뭔가 나를 집중하게 만드는 묘한 매력이 있다.

다 큰 어른이 아이와 함께 보도블록 사이 선을 안 밟으려고 안간힘을 쓰며 뛰는 모습이 어쩌면 아이에겐 아름다운 추억 한 페이지를 선물해 주는 건 아닐까?

"아빠, 이젠 노란색 안 밟기예요."

어려운 미션이 끝나자, 아들도 쉬고 싶은지 쉬운 미

션을 준다. 보도블록이 다 회색이고 노란색 블록은 군데군데 있어 걷는데 별 지장을 안 주기 때문이다.

"아빠! 됐어요! 이제 그냥 걸어요"

선 안 밟기, 노란색 안 밟기. 모든 미션이 드디어 끝이 났다.

아이 둘 손 잡고 집에 오는 길. 편의점 가자고 치이고, 놀이터 가자고 치이고, 보도블록도 마음대로 밟지도 못하지만, 거리에서 아이들 양손을 잡고 셋이 걷는 느낌. 뭐라고 해야 할까?

세상 다 가진 아빠. 최고 마음 부자 아빠. 최고 위풍당당 아빠가 된다.

'선 안 밟는 거 정도야 아빠가 당분간 얼마든지 해줄게, 우리 아들! 그렇게 즐겁게 웃고 뛰며 신나게 놀며 자라거라.'

아빠, 늙어도 사랑할개요

나 몰래 내 휴대전화를 가져가서 한 번씩 영상을 보는 딸. 그날도 동생이랑 신나게 놀던 딸아이가 조용했다. 뭔가 조용하면 딸이 휴대전화를 보고 있다는 뜻이다.

"딸, 휴대전화 그만 보고 아빠 주세요."

"아빠, 나 편지 쓰고 있어요."

'뭐? 생각지도 못했는데 편지를 쓰고 있다고?'

딸 말이 맞나 싶어 딸 방에 갔더니 독수리 타법으로 휴대전화에 한 자 한 자 딸이 뭔가를 치고 있는 게 아닌가!

"아빠, 다 됐어요!"하고 보여주는데 감동이다.

아빠사랑해요♡

그렇게 딸의 생애 첫 모바일 편지가 탄생했다.

긴 시간 동안 자음 하나씩 모음 하나씩 눌렀다 지웠다 반복해서 만든 단어들의 조합을 보니 보통 정성이 아니었다. 그리고 하트까지 넣는 센스까지. 딸이 정말 고마워 나도 "우리 딸 사랑해요!" 하면서 한참을 안아줬다.

곧이어 커다란 스케치북에 뭔가를 다시 쓰는 딸. 궁금해서 또 물어본다.

"딸, 뭐 하고 있어?"

"아빠, 저 편지 쓰고 있어요."

"어? 또? 다 쓴 거 아니었어?"

"진짜 편지에요. 저기 가 있으세요. 제가 이따 보여 줄게요."

휴대전화로는 속마음을 표현하는 게 힘들어 직접 글로 쓰는 모양이었다. 조금 있다가 가져온 딸의 편지를 보니 조금 전의 감동보다 더 크다.

은이~ 아빠 한대 ♥

아빠~ 은이 아빠 사랑해요♥

아빠 늘어도(=늙어도) 사랑할개요

은이~

'아빠 늙어도 사랑할개요'에서 한참을 머물렀다. 왜냐하면 며칠 전에 딸과 늙는 것과 죽는 것에 관해 이야기를 많이 나눴기 때문이다. 그래서 딸이 편지에 '늙어도'란 단어를 강조해서 쓴 것이다. 그날 딸과의 대화는 이랬다.

"아빠, 왜 사람들은 할머니 할아버지가 돼요?"
"늙으니까 그렇지. 근데 왜?"
"엄마 아빠가 안 늙으면 좋겠어요."
"왜?"
"그럼, 할아버지 되면 죽잖아요."

아빠가 늙으면 할아버지가 되고, 할아버지가 되면 곧 죽는다는 걸 아는 여섯 살 딸. 편지를 해석하면 아빠가 늙으면 곧 죽으니 걱정되어서, 늙어도 계속 사랑하겠다는 딸이다.

딸 키운 덕분에 내가 요즘은 사랑을 주는 것보다 사랑을 더 많이 받는다. 아빠한테 휴대전화와 편지로 사랑한다고 말할 줄 아는 딸. 늙어도 아빠를 사랑하겠다는 딸. 하루하루 몸만 크는 줄 알았는데 마음의 깊이도 이렇게 커지고 있을 줄이야. 너희들을 키우며 알게 된다.

딸 덕분에 아빠로서 내 존재 자체가 아이들에게 얼마나 소중한지 새삼스레 느낀다. 내가 다 세상을 새로 사는 느낌이다.

새들도 사이좋게
나누어 먹으면 좋으련만

일요일 아침 6시에 아들이 깼다. 그리고 열심히 재잘거린다.

"아빠, 아빠, 아침이에요. 일어나세요. 심심해요!"

딸도 가세한다.

"심심해, 심심해, 심심해요. 놀아주세요."

둘이 목청껏 소리높인다.

"노트북 보여주세요! 노트북, 노트북, 노트북."

노트북을 지키려는 나와 노트북을 빼앗으려는 아이들과의 싸움이 시작되었다. 아들딸을 이기지 못하고 결국은 빼앗으려는 자의 승리로 끝났다.

'심심해' 소리와 노트북으로 일요일 아침을 여는 아이들. 그래 주말은 주중에 학교에 다닌다고 수고 많았으니, 마음껏 하고 싶은 거 다 하거라.

아이들이 영상매체를 오래 보면 안 좋을 것 같아 원반던지기를 하자고 아들딸을 설득해서 밖으로 나왔다. 아이들과 함께 원반을 멀리 던져도 보고, 굴려도 보니 내가 다 재밌다. 그러다 갑자기 주위가 새들 소리로 아주 소란스럽다.

"퍼덕퍼덕 퍼드덕!"

비둘기 세 마리가 '먼나무'의 탐스럽게 보이는 빨간 열매를 먹으려고 가지 위에서 안간힘을 쓰고 있다.

"삐이삐, 삐이삐, 삐비비비빅."

갑자기 앙칼진 소리를 내며 직박구리 한 마리가 날아와 부리로 비둘기들을 사정없이 공격한다. 그 맹렬한 공격에 비둘기 세 마리 모두가 줄행랑을 치며 도망간다. 집 밖에서도 열매를 지키려는 자와 빼앗으려는 자와의 싸움이 시작되었다.

"아빠, 새들이 싸워요!"

"그렇네. 왜 싸울까?"

"열매 먹으려고요!"

"그래, 열매가 저렇게 많은데 사이좋게 나누어 먹으면 되는데, 맞지?"

"네."

비둘기들이 다 도망가니 아파트 산책로가 다시 조용해졌다.

그런데 잠시 후, 도망간 비둘기들이 다시 먹이를 찾으러 왔다. 그걸 보고 아들이 소리쳤다.

"아빠, 아까 그 비둘기들이에요."

"그래, 맞는 거 같네."

직박구리의 공격에 나무 위에서 실패를 맛본 비둘기들이 나무 위로는 얼씬도 못 한 채 바닥에 떨어진 빨간 열매를 찾으러 총총거린다. 하지만, 바닥에 떨어진 열매가 부족한지 직박구리가 없는 걸 확인한 비둘기들이 재빠르게 나뭇가지에 올라탔다. 그러고는 신선한 빨간 열매를 먹기 시작한다. 그러나 그것도 잠시다.

"삐익삐익 삐비빅!"

앙칼진 소리가 매섭게 나더니 직박구리 한 마리가 날아와 비둘기를 또 쫓아내기 시작한다. 퍼드덕거리며 비둘기들이 다 도망가 버렸다.

어떻게 그렇게 빨리 직박구리가 왔을까 주위를 살펴보니 직박구리들이 나무 여기저기에서 보초를 서 있는 게 아닌가! 그러면서 서로서로 '삐익삐'소리를 내며 신호를 보내고 있었다. 열매를 지키려는 자들의 치열한 목소리였다.

새들의 싸움을 보고는 집으로 올라와 아들딸과 함께 주말 아침으로 짜장면을 먹었다.

짜장면이 부족한 동생에게 먼저 짜장면을 건네주는 딸.

"고마워!"라고 아들이 웬일로 친절하게 말한다.

탕수육 소스가 부족한 누나에게 숟가락으로 소스를 떠서 주는 동생.

"고마워!"라고 딸도 웬일로 부드럽게 말한다.

조금 전 새들의 싸움을 보며 나도 모르게 "새들도 사이좋게 나누어 먹으면 좋으련만."이라고 했던 말을 아이들이 유심히 듣고 생활 속에서 실천한 건 아닌가 생각이 들었다.

음식을 나눠 먹는 아들딸을 보니 지키는 것보다, 빼

앗으려는 것보다, 역시 나누는 게 제일 좋아 보였다. 아주 아주 어렵겠지만 언젠가는 직박구리도 비둘기와 사이좋게 열매를 나누어 먹는 날이 오면 참 좋겠다.

한국이 없으면 나도 안 태어났을 거야!

"아빠, 오늘 광복절 아니에요?"

"맞는데."

"그럼, 태극기 달아야죠!"

일곱 살 아들 말이 틀린 게 하나도 없다. 광복절보다 휴일이라는 목적이 더 커져 태극기 하나 달기도 귀찮아지는 나가 되어버렸다. 분명히 눈 뜨자마자 이웃 블로그에서 태극기 단 모습도 봤는데 태극기 달 생각은 하지도 않는 나. 아들의 말에 속으로 엄청 뜨끔했다.

"아빠, 태극기 어디 있어요?"

"잘 모르겠는데…."

"아빠, 저 알아요."

집안 곳곳을 열어 보는 걸 좋아하는 아들이 어디서 봤는지 잽싸게 신발장으로 가서는 파란 태극기 함을 가져온다. 나도 기억 못 하는 태극기 함을 정확히 기억하고 있었던 아들. 기억력 하나는 대단하다.

"아빠, 이거 어떻게 묶어요? 모르겠어요."

"우리 아들, 색종이로 팽이 접는 것보다 쉬우니 한번 해 봐. 아빠가 봉은 만들어 줄게."

봉을 만들어줬더니 "아, 이제 알겠어요."라고 하는 아들. 끈 묶는 건 어디서 배웠는지 태극기 구멍에 끈을 넣어서 봉에다 잘도 묶는다.

"아들, 바람에 태극기가 날아갈 수 있으니 꽉 묶어

요."

"네."

"그런데, 아들, 광복절이 무슨 날인지 알아요?"

혹시 태극기를 왜 다는지 물어봤는데 나보다 더 정확히 아는 아들 말에 깜짝 놀랐다.

"일본에 빼앗긴 한국을 되찾은 날이에요."

아들의 답변에 조금 전보다 더 미안하단 생각이 들었다. 그렇게 소중한 날인데 어른인 내가 먼저 태극기도 달지도 않고 귀찮다고만 생각했으니 말이다.

아들이 다 만든 태극기를 창밖 거치대에 다니 태극기가 바람에 세게 펄럭펄럭한다. 아들이 갑자기 신나서 소리친다.

"아빠, 저기도 달았어요. 저기도요."

그러면서 "대한민국 짝짝 짝 짝짝"도 외치는 게 아닌가! 웃기면서 동시에 아들이 순간 얼마나 자랑스러워 보였는지 모른다. 태극기를 스스로 달아서 뿌듯해하며 아들의 웃는 모습을 보며 이참에 광복절의 의미도 물어본다.

"아들, 한국이 나라를 되찾아서 좋아?"

"응."

"얼마만큼 좋아?"

"지구만큼 좋아."

그러면서 손으로 만들 수 있는 제일 큰 원을 그린다.

"왜 지구만큼 좋아?"라고 가볍게 물었는데 아들 답변에 내 맘이 짠해진다.

"한국이 없으면 나도 안 태어났을 거야!"

늘 장난만 치던 아들이 그렇게까지 나라의 소중함을 알고 있을 거란 생각을 못 했다. 아무렴 우리나라를 되찾지 않았다면 아들 말처럼 나도 없고 아들도 없을

지도 모른다. 광복절이 없었다면 많은 사람이 안 태어났을 만큼 광복절은 소중한 날이다. 그런데 아빠는 귀찮다는 핑계로 태극기도 선뜻 달지 않았으니 얼마나 못난 아빠인가!

"아빠, 태극기가 떨어질 것 같아요."

갑자기 소리치는 아들 말에 태극기를 다시 세게 묶어 걸어줬다. 우리나라를 지킨 모든 소중한 분들을 생각하면서 떨어지지 말라고 꽉꽉 묶었다.

하늘이 유난히 파란 하늘. 소중한 대한민국. 오늘은 그 의미를 되새겨보는 의미에서 꼭 태극기를 달자.

아들에게 하나 배웠다. 나라가 있기에 나도 있다. 소중한 대한민국을 생각하면서.

제3장
아들딸, 뭐가 그렇게 궁금해?

힘 약한 아빠 상어

 어린이집에서 아들딸 둘 데리고 집으로 가는 차 안, 호기심쟁이 다섯 살 아들이 뜬금포를 날린다.
 "아빠, 저 한 살 때 할머니가 저 많이 업어줬어요?"
 "그래 정복순 할머니가 너 태어나자마자 백 일 동안 업어줬지. 김연숙 할머니도 너 자주 업어줬고."
 "엄마도 저 많이 업어줬어요?"
 "그럼, 너희 키운다고 많이 업어줬지."
 "그럼, 아빠. 삼촌도?"

"그래 삼촌도 한 번씩 준이 볼 때마다 업어줬지."

그러다 아들이 불쑥 이러는 게 아닌가!

"할아버지는 힘이 세서 지금도 업어주는데, 맞지? 아빠?"

아들 말이 틀린 게 하나 없다. 아들 말처럼 외할아버지는 힘이 세서 아들딸을 보면 반갑다고 항상 업어준다. 그래서 우리 아들딸은 할아버지가 힘이 제일 세다고 생각하여 〈아기 상어〉 노래를 할아버지에 특화해 '힘이 센 할아버지 상어'라고 부른다.

수십 번도 넘게 들어 노래 가사를 줄줄 외우고 있는 나는 이 가사가 웃기기도 하고 슬프기도 하다. 왜냐하면 원래 노래엔 할아버지 상어는 '멋있는 상어'여야 하는데 '힘이 센 상어'로 둔갑했기 때문이다.

반대로 아빠 상어인 나는 힘이 약해서 힘 약한 상어가 돼버렸다. 그래서 아들딸은 '힘 약한 아빠 상어'라고 부른다. 그것도 '힘 약한' 부분을 아주 소리 높여 강조해서 내 앞에서 깔깔깔 웃으며 부른다. 할 말이 없다. 요 녀석들. 하하하.

라떼가 나오는 타이밍이다. 10년 전 허리 디스크 수핵이 터져 무거운 걸 들면 바로 발바닥이 찌릿찌릿하다. 왼쪽 무릎 연골도 찢어져 뛰거나 계단을 많이 걸어 내려가면 무릎이 따끔거린다. 아이들을 자주 업어주고 싶어도 허리와 무릎이 아파서 제대로 못 업어주는 나. 힘이 센 할아버지 상어가 아들딸을 자주 업어줘서 장인어른이 사실은 얼마나 고마운지 모른다.

아무튼, 할아버지는 힘이 세서 지금도 업어준다는 아들 말에 내가 이렇게 대답했다.
"그래, 할아버진 힘이 세지. 우리 아들 좋겠네. 할아버지가 업어줘서."
그러자 요즘 한창 두뇌 회전이 빠른 딸이 그러는 게

아닌가!

"할아버진 늙었는데 왜 힘이 세죠?"

사실대로 말할 수밖에 없어서 솔직하게 딸에게 말했다.

"할아버진 운동을 많이 하고 근육이 많아서 힘이 세지."

그러자 우리 딸이 케이오 펀치를 날린다.

"근데, 아빤 젊은데 힘이 왜 약해요?"

'띵~.'

한동안 충격에서 벗어나지 못했다. 이내 정신을 차리고는 딸에게 말했다.

"아빤 운동을 안 해서 그래."

그러자 딸이 기어이 확인 사살용 펀치를 하나 더 날린다.

"그럼 아빠, 밥도 잘 먹고 운동도 제대로 해요."

"어, 알겠어. 하하하."

"아빠, 근데 왜 웃어요?"

"아, 그냥."

"아빠는 참. 이제부터 운동 열심히 해요."

쓴웃음이 났다. 딸 말처럼 나도 운동을 열심히 해서, 힘을 길러서, 아이들을 업어주는 힘이 센 아빠 상어가 되어야겠다. 그러면 그땐 정말로 아들딸이 '힘이 센 아빠 상어'라고 노래 부르지 않을까?

아빠, 왜요? 왜요?

　다섯 살 아들은 세상 알아가는 게 참 재미있는 모양이다. 마치 하루가 부족한 것처럼 묻고 또 묻는다.
　"아빠! 비가 왜 오는지 알아요?"
　"왜 오는데?"
　"동물들이 식물들이 자라기 위해서 비가 온대요."
　"아! 그래? 비가 참 고마운 일을 하네. 아빠는 그것도 몰랐네. 우리 아들! 비처럼 고마운 일을 하는 사람이 되길 바란다."

"네!"

이번에는 하늘을 보면서 묻는다.

"아빠, 하늘이랑 구름은 뭐로 만들었어요?"

"음… 잘 모르겠는데. 하늘은 뭐로 만들었는데? 아들?"

"클레이로 하늘색 물감을 섞어서 만들었어요."

"아… 그래?"

나는 조용히 넘어가려고 하는데 그걸 참지 못하고 딸이 동생의 순수함을 처참히 무너뜨린다.

"하늘은 잡히지도 않잖아."

"…."

"하하하."

다섯 살 눈에 비친 이 세상.

세상 모든 게 궁금한 아들.

'왜요?'를 통해 세상을 하나씩 배워가는 중이다.

어린이집 하원길, 난 평소처럼 한 손에는 아들, 다른 한 손에는 딸 손을 잡고 당당하게 거리를 활보한다. 집에 거의 다다를 무렵 아들의 '왜요?' 버라이어티 쇼가 다시 시작된다. 오늘은 주변에 높이 솟아있는 아파트들의 정체가 몹시 궁금한 모양이다.

"아빠! 왜 우리 아파트는 커요?"

(아파트가 크고 높고 여러 동이 있다는 뜻 같다.)

"아! 그건 사람이 많이 살아서 그렇지."

(자신 있게 대답해 준다. 근데 성에 안 찾나 보다. 또 질문이 이어진다.)

"왜 사람이 많이 살아요?"

"그건 주변에 야구장도 있고 마트도 있고 학원도 있어서 사람 살기 좋아서 그렇지."

(사람이 많이 사는 이유를 설명해 줬다. 나름대로 잘. 근데 또 질문이 이어진다.)

"아빠! 왜 주변에 그런 게 많아요?"

"그거야 사람들이 돈 많이 벌려고 그렇지."

(맞죠? 맞죠? 맞죠?)

"왜 사람들이 돈을 벌려고 그래요?"

"그거야 하고 싶은 거 하고, 먹고 싶은 거 먹고, 가고 싶은 곳 가려고 그러지."

아쉽게도 급하게 놀이터 간다고 아들과 대화는 거기서 딱 멈추었다.

그런데 아들과 이야기하면서 왜 사람이 많이 살고, 왜 사람이 돈을 벌려고 하는지, 아들의 호기심 때문에 자연스럽게 알게 되었다. 돈 벌고 정신없이 애들 키우느라 왜 사는지 진지하게 생각을 못 하고 살았는데, 아들의 질문에서 내가 철학을 하고 있었다.

'아! 다 이유가 있었구나! 왜 그렇게 사람들이 열심히 돈 벌려고 사는지.'

그 단순한 삶의 진리란 이거였다.

다들 하고 싶은 거 하고,

먹고 싶은 거 먹고,

가고 싶은 곳 가려고,

그렇게 다들 돈을 벌고,

좋은 아파트에 살려고 하는구나!

매일 아들딸의 '왜요?', '뭐예요?'에 대답하느라 정신없는 요즘이지만, 아이들의 맑은 눈으로 세상을 바라보려고 한다. 그러면 삶의 본질들이 의외로 단순하게 보이진 않을까? 마치 아들의 질문 속에 내가 삶의 진리를 발견한 것처럼.

100살 미술 선생님과 아빠

미술학원 선생님의 나이를 알았다고 신나는 아들.
"누나! 누나! 미술학원 선생님 100살이래!"
그걸 들은 우리 딸이 여섯 글자로 상황 종료시킨다.

"그건 할머니야!"

그러곤 둘이 네가 맞니, 내가 맞니, 옥신각신이다.

보고 있자니 너무 웃겨 말려야 할 타이밍을 놓쳐 버렸다.

"100살이야."

"그건 할머니야."

"100살 맞아."

"아니야, 그건 선생님이 장난친 거야. 100살 그렇게 오래 못 살아. 사람은 100살에 죽는단 말이야!"

"아니야!"

"맞거든!"

"아니야!"

"맞거든!"

끝이 없다. 그러다 누나의 이유가 타당한 건지, 자신의 이유가 부족한 건지, 뭔가 졌다는 기분이 든 건지, 아들은 "아니야 아니야."라는 소리를 연거푸 외치며 안방으로 울며 달려간다. 그리고 끝내 아쉬움을 나에게 호소한다.

"선생님이 100살이라고 했단 말이야. 으응응~ 잉잉잉~~."

100살 나이 그게 뭐라고 아들 울음소리에 집안이 떠나간다.

그건 그렇고 우리 아들딸은 내 나이를 아직도 모른다. 어느 날은 스무 살이라고 했다가 어느 날은 모른다고 하니 오늘은 아들이 진짜 아빠 나이가 궁금했던 모양이다.

"아빠, 몇 살이야?"

"아빠 100살이야!"

장난기가 발동한 나는 미술 선생님 100살 사건이 생각나 장난스럽게 100살이라고 말해버렸다.

"그럼, 엄만? 엄마도 100살이야?"

아들의 말에 아내가 뜬금없이 나이를 이용해 수학 질문을 한다.

"아니지 엄만 아빠보다 5살 적은데… 그럼 몇 살이게?"

아내의 갑작스러운 뺄셈 문제에 당황스러워하는 아들딸. 순간 정적이 감돈다.

"…"

"…"

먼저 그 정적을 깨부수는 건 아들.

"나인티… 음…"

아들의 답에 깜짝 놀랐다. 어디서 배웠는지 생각도 못 한 영어 답이 거의 맞다. 동생 대답을 조용히 듣고 있던 딸이 동생의 힌트에 정답을 말한다.

"음… 구십오."

"오! 우리 딸 잘하는데."

맞출 거란 생각도 안 했는데 '100-95=?' 산수 문제를 딸이 맞혀 정말 놀랐다. 그런데 내가 누나를 칭찬하자마자 '지기 싫어하는 대장' 아들이 대성통곡이다.

"잉잉 이이잉~ 이이잉~ 이이잉~ 나도 맞추고 싶었는데! 이이잉~."

자기도 맞추고 싶었는데 못 맞춰 속상한 마음을 울음으로 푸는 아들. 100살 산수 문제 때문에, 또 저녁이 울음바다가 되고 말았다.

그나저나, 아들에게 장난으로 대답한 내 나이 100살. 진짜 건강하게 백수 한번 해 볼까?

친한 할머니, 왜라고 물어보는 할머니

평소 딸 샤워시키기가 여간 어려운 게 아니다.

"샤워하자! 딸."

"…"

책에 너무 집중한 나머지 딸은 샤워하자는 내 말이 도통 안 들린다.

"샤워하자. 딸."

"샤워하자. 딸."

두 번 부르고 나서야 딸이 겨우 대답한다.

"아빠, 이 책만 다 읽고요."

"그래. 꼭이다."

"…."

그렇게 책을 읽다 시간이 가고, 그러다 밥 먹고 좀 놀다 보면 샤워하는 게 더 싫어져, 딸은 자기 직전에 짜증이란 짜증을 다 낸다.

그런데 오늘은 모처럼 딸이 기분 좋게 샤워하러 화장실에 왔다. 이유인즉 집에 오자마자 딸이 좋아하는 초콜릿 빵과 식혜를 먹었고, 추석놀이 종합 세트를 어린이집에서 받아와 윷놀이할 생각에 기분이 좋아졌기 때문이다. 따뜻한 물로 샤워를 하니 기분이 더 좋은 딸. 갑자기 노래 부르듯 샤워실에서 딸이 이런다.

"전 아빠, 엄마, 김연숙 할머니, 정복순 할머니, 태율이, 태언이, 용재 삼촌 이렇게 제일 좋아요."

최근에 태율이 집에 놀러 갔다 오고 나서, 친구와 삼촌도 추가되었다.

"근데 아빠, 그중에 누가 제일 좋은지 알아요? 아빠, 엄마가 제일 제일 좋아요."

"아이고! 우리 딸 고마워!"

"근데 외할머니는 누구예요?"

어린이집에서 배운 건지, 책에서 본 건지, 딸은 할머니도 다른 할머니가 있다는 걸 이젠 안 모양이다.

"김연숙 할머니지."

"그럼, 정복순 할머니는 친할머니예요?"

"어! 맞아. 아빠의 엄마야! 김연숙 할머니는 엄마의 엄마고!"

"…"

갑자기 조용하다. '아빠의 엄마', '엄마의 엄마' 개념이 아직 여섯 살 딸에게는 어려운가 보다. 그러더니 뜬금없이 딸이 이런다.

"근데 아빠, 친할머닌 왜 친할머니야?"

"음… 아빠의 엄마를 친할머니라고 해."

 딸이 잠시 생각하다 좋은 생각이 떠올랐는지 불쑥 이런다.

"친이 붙으니까 친해서 친할머니 아니에요? 아빠?"

"하하하. 맞네! 우리 딸. 하하하."

"친한 할머니라서 친할머니네. 맞죠. 아빠?"

 뭔가 새로운 것이라도 발견한 듯 뿌듯해하는 딸을 위해 나도 응원해 주고 기뻐해 줬다. 그러고는 나도 딸에게 퀴즈를 내줬다.

"딸, 그럼 외할머니는 왜 '외'가 붙었을까?"

"음…."

 딸은 한참을 생각하더니 좋은 생각이 떠오른 모양이다. 뭐라고 답할지 내가 다 궁금했다.

"김연숙 할머니가 '왜'라고 자꾸 물어보니까 왜 왜 왜 왜할머니지 맞지? 아빠?"

"아? 김연숙 할머니가 '왜'라고 자꾸 물어보는구나! 아빠는 전혀 몰랐네."

"네. 왜 그런지 항상 왜 왜 왜 그러세요."

"그래서 그럴 수도 있겠다. 우리 딸."

그러다 딸이 또 이런다.

"그리고 아빠, 외할머닌 외국에서 와서 외할머니 아닐까?"

"…"

딸이 최근에 단어에 대한 궁금증이 많아졌다. 단어가 어떻게 만들어진 이유를 찾기 시작했다. 생각지 못한 친할머니 외할머니 물음에 딸아이와 유쾌하게 대화했다.

친할머니가 친한 할머니라서, 외할머니는 왜왜왜 물어봐서 외할머니인지 처음 알게 되었다. 외국에서 와서 외할머닌… 그건 아니고….

그나저나 장모님, 손자 손녀들 돌봐주는 것도 정말 정말 고마운데, 딸에게 평소 왜라고 자꾸 물어주고 혼자 깊이 생각하게 만드는 교육을 삶에서 실천해 주셔서 너무너무 고맙습니다.

아들의 남다른 위인 사랑

아들이 요즘 '100명의 위인' 노래에 푹 빠졌다. 아침에 일어나자마자 자기 전까지, 이 노래를 부르는데 아들의 창작 고통이 고스란히 담겨있다.

어린이날 황진이가 되는가 하면, 무적 임꺽정도 되고, 고구려 세운 백제왕이 되기 일쑤다. 그런데 문제는 가사가 틀린 걸 우연히 들은 딸이 가만히 넘어가지 않는다는 거다.

"고구려 세운 동명왕이야. 백제왕 아니고! 아이고!"

그 소리를 듣고도 아들은 "고구려 세운 백제왕"이라고 목청껏 당당히 부른다. 누나가 뭐라고 하든 말든 아들은 신나게 노래 부르기만 하면 된다. 몇십 년을 사랑받아 온 이 노래. 우리 아들은 이 노래가 세상에서 제일 좋은가 보다.

추석 당일, 차 문제로 온 가족이 버스를 타고 친할머니댁으로 갔다. 할머니 댁에 다다를 무렵 아들이 불쑥 내게 이런다.

"아빠, 광개토대왕 알아요?"

"어, 알지!"

"지금은 어디에 있어요?"

"… 뭐?"

"지금 어디에 있냐고요?"

"지금은 없지. 돌아가시고 없지."

"왜요?"

"나이가 들어서 돌아가셨어. 죽었지."

"아빠, 그럼 이순신 장군은 어디 있어요?"

"어! 이순신 장군도 돌아가셨지."

"왜요?"

"싸우다가 다쳐서 돌아가셨어. 나이가 들면 사람은 다 죽는 거야."

"싫은데… 아빠, 술 많이 먹지 마세요."

"…? 그래."

대답은 했는데 갑자기 아들이 왜 나 보고 술을 많이 먹지 말라나 궁금했다. 그러면서 '아하!' 했다.

최근에 외할머니 집에 갔을 때, 외할아버지가 술을 많이 먹어서 외할머니랑 다투는 말을 아들이 유심히 들은 모양이었다. 술을 많이 먹으면 몸이 안 좋아져 죽을 수도 있다는 걸 아들이 어른들 대화에서 엿들었음에 틀림없다.

그걸 기억하고 나 보고 술 많이 먹지 말라고 죽지 말라고 한 아들이었다. 내가 술을 많이 먹으면 100명의 위인처럼 빨리 죽을까 봐 아들은 많이 걱정됐나 보다. 아빠 건강 생각해 주는 건 이럴 땐 아들밖에 없는 모양이다,

친할머니 집에서 쥐포 튀김과 사과와 배를 잔뜩 먹고 집에 돌아온 아들. 자기 전에 또 위인 노래를 부르기 시작한다. 그러다 또 불쑥 이런다.
"아빠, 빤짝빤짝 응길또 안 죽었으면 좋겠어요."
"아들 누구?"
"빤짝빤짝 응길또요."
"아! 번쩍번쩍 홍길동?"
"네, 홍길동. 빤짝빤짝 홍길동 안 죽었으면 좋겠어요."
"왜? 아들?"

"멋있어서요."
"그래?"
"역사는 흐른다 아무도 안 죽었으면 좋겠어요."

100명의 위인들에 푹 빠져 있는 우리 아들.
이순신 장군과 홍길동을 좋아하는 우리 아들.
그분들이 죽어서 마음 아파하는 우리 아들.
아빠도 죽을까 봐 술 먹지 말라는 우리 아들.

어쩌면 그냥 지나쳐도 될 아들 말이었지만 내겐 아들 말이 예사로 들리지 않았다. 아빠를 생각하는 아들 말이 참 고마웠다.
그나저나, 아들 표 노래 가사에 중독되어 저녁 내내 '어린이날 황진이'를 따라 부르면서 속으로 얼마나 키득거렸는지 모른다.

메추리알이 뭐예요?

인터넷 장 참 편리하다. 클릭 몇 번만으로 다음 날 바로 현관문 앞에 주문한 쌀이며 물이며 각종 음식이 한가득하다. 별것 아닌 것 같지만 밤낮 고생한 택배기사님들에게 무한한 감사를 느낀다.

오늘은 아내가 주문한 식자재 중에 생전 처음 보는 게 있다.

'깐 메추리알'

요즘 참 요리하기 쉽게 다 까서 나오니 신기할 뿐이다. 아내가 직접 주문했기에 조만간 아내가 요리해 줄 줄 알았다. 하지만 냉장고에 한 번 들어간 그 깐 메추리알은 일주일이 지나도 그 자리에 화석이 되어 있었다. 바쁜 직장 생활에 메추리알 요리는 아내와 나 둘 다 생각도 못 했다.

어느 날, 갑자기 든 생각은 '이거 너무 오래 놔두면 그냥 버리겠구나!' 싶었다. 용기를 내어 내가 먼저 메추리알 장조림 조리법을 한 번 찾아봤다. 그런데 생각보다 너무 간단해서 놀랐다. 물에 간장과 물엿과 깐 메추리알을 넣고 졸이면 끝이었다.

잘 될까 말까 불안한 마음이었지만 조리법대로 하니 메추리알 장조림이 뚝딱 완성되었다. 비주얼도 반찬 가게에서 파는 것과 별반 다르지 않았다. 한 번 먹어봤는데 맛도 제법 괜찮았다. 이제 제일 중요한 아이들의 맛 품평만 남았다.

"아들딸, 우리 저녁 먹자! 오늘은 아빠가 메추리알 장조림 만들었어요!"

"근데… 아빠. 메추리알이 뭐예요?"

당연히 아이들이 알 거로 생각했는데 모른다고 해서 깜짝 놀랐다.

"음… 아빠도 어릴 땐 잘 몰랐는데 메추리란 새가 있어. 바로 그 새의 알이야."

"아빠, 누구 알이라고요?"

"메추리 새."

"메추리 새?"

"어. 메추리 새 맞아."

새란 소리에 한참을 골똘히 생각하는 딸. 새알을 먹는다고 생각하니 표정이 좋지 않았다. 그러면서 딸이 한마디를 한다.

"너무 잔인하잖아요!"

아들은 한술 더 뜬다.

"슬퍼, 슬퍼, 슬퍼."

"하하하."

아들딸 둘 다 처음에는 새 알이라고 불쌍해서 안 먹으려고 하더니, 한 입 먹고는 평소 좋아하는 짭조름한 간장 맛에 완전히 반했다.

"아빠, 메추리알 더 없어요?"

"하하하."

"더 주세요!"

"하하하."

메추리알도 아이들이 자연스럽게 먹을 수 있게 딸이 평소 자주 먹는 달걀로 설명해 준다.

"딸, 우리 달걀 먹잖아. 달걀도 닭의 알이야!"

"네? 달걀이 닭 알이라고요?"

"그래. 닭의 알을 우리가 먹는 거야!"

"엉. 이때까지 몰랐네. 그래서 메추리알도 달걀 맛이랑 비슷하구나!"

잔인하다고 하면서 메추리알을 맛있게 먹는 아들딸. 메추리알도 새롭게 알고, 달걀이 닭의 알인 걸 아들딸은 오늘 처음 알게 되었다.

다음 날 아침에 아내도 내가 만든 메추리알 장조림을 먹어보더니 맛있다고 한다. 일주일 내내 냉장고에 있던 깐 메추리알 덕에 아이들과 맛있게 식사도 하고, 아들딸과 유익한 대화도 했다.

그나저나 아이들이 크면 마당 있는 집에서 메추리 새를 한번 키워 보고 싶다. 그때는 아들딸이 다 커서 메추리알이 징그럽다고 안 먹겠다고 하지는 않겠지? 하하하.

전 돌잡이 할 때 뭐 잡았어요?

"아빠, 전 돌잡이 할 때 뭐 잡았어요?"

어느 날, 딸이 어린이집에 다녀와서는 뜬금없이 돌잡이 때 잡았던 물건을 물어보는 게 아닌가!

"뭐라고? 우리 딸? 아빤 기억이 안 나는데… 미안… 그런데, 그건 갑자기 왜?"

"궁금해서요. 제 친구 서준이는 판사봉 잡았대요."

"그래? 아빠가 엄마한테 한 번 물어볼게."

"근데… 아빠, 아빠는 돌잡이 때 뭐 잡았어요?"

"아빠? 아빠 기억 안 나는데."

"아빠! 좀 기억 좀 해요."

"알았어. 아빠가 정복순 할머니한테 전화해서 한 번 물어볼게."

어느 날, 갑자기 돌잡이 때 뭐 잡았냐고 물어보는 딸. 딸이 뭐 잡았는지 기억도 안 나고, 내가 뭐 잡았는지도 전혀 몰랐다. 건강하게 잘 자란 첫 1년 생일을 기념하는 소중한 돌잔치에 아들딸이 뭐 잡았는지는 기본적으로 알아야 하는 아빠인데 해도 해도 너무했다. 늦잠 자고 일어난 아내에게 물어보니 아들딸 둘 다 '마이크'를 잡았다고 한다. 그나마 아내라도 정확히 알고 있어서 천만다행이었다.

며칠 후, 외할머니 집에 가는 길에 딸이 이제는 엄

마에게 돌잡이 돌발 질문을 한다.

"엄마, 엄마는 돌잡이할 때 뭐 잡았어요?"

"엄만 돌잔치를 안 해서 돌잡이를 못 했어."

"…."

"…."

전혀 예상 못 한 엄마의 대답에 딸이 순간 멍했다. 아내의 입에서 그런 대답이 나올 거라고 상상도 못 한 나도 딸 옆에서 얼음이 되어 있었다. 그러곤 이내 웃음이 빵 터졌다.

"하하하."

그러면서 둘째 딸인 아내가 딸에게 돌잔치를 안 한 이유를 차근차근 설명하기 시작했다.

"딸, 할머니의 할머니가 엄마를 안 좋아해서 돌잔치를 안 해 줬어."

"… 그래요? 돌잔치 안 해 주는 것도 있어요? 아빤 해 줬대요?"

"아마 해 줬을걸."

바로 그때, 누나와 엄마의 돌잡이 이야기를 가만히 듣고만 있던 아들이 오늘 대화의 결정타를 날린다.

"나쁘다. 맞지?"

아들 말에 우리 아내가 눈물이 나오면서 "하하하. 여보 아들 말한 거 들었어요? 하하하."라고 연신 눈물을 흘리면서 좋아한다.

첫째도 딸, 둘째도 딸이라고 장모님의 시어머니가 둘째 딸인 아내에게 돌잔치도 안 해 준 서러움을 아들이 엄마 대신해서 시원하게 한 방 날려버린다.

"맞지, 우리 아들. 우리 아들이 엄마 마음을 제일 잘 알아주네."

그 말에 아들이 기분이 좋은지 어깨를 으쓱거리며

수줍게 웃는다. 나도 이 기회다 싶어 돌잡이 때 내가 뭘 잡았는지 궁금해서 엄마에게 기습 전화를 해 본다.

"엄마!"

"어, 왜?"

"나 돌잡이 할 때 뭐 잡았어?"

"기억이 안 나지…."

"하하하. 알았어. 엄마. 갑자기 은이가 물어봐서. 궁금해서. 엄마, 푹 쉬고."

돌잔치를 안 해서 돌잡이를 할 수 없었던 아내.

돌잔치는 했는데 뭘 잡았는지 기억 못 하는 우리 엄마와 나.

딸의 돌잡이 궁금증 때문에 웃기도 하고 울기도 한 우리 부부였다.

내가 너무 궁금해 아들딸의 오래전 돌 사진첩을 들

취보니 둘 다 정확히 마이크 잡는 사진이 보인다.

아들딸이 커서 어느 날 오늘처럼 돌잡이 때 뭐 잡았냐고 다시 물어보면 오늘의 실패를 교훈 삼아 아빠가 전광석화로 '마이크'라고 대답해 줄게.

전 왜 4등으로 태어났어요?

어느 날, 생뚱맞게 아들이 나보고 이런다.

"왜 아빠 1등으로 태어났어요?"

'어? 웬 1등?'

처음엔 무슨 말인지 몰라 한참을 버벅거렸다.

"아빠, 아빤 왜 1등으로 태어났어요?"

두 번 듣고, 곰곰이 생각해 보니 이해가 되어 대답해 줬다.

"음… 그건 우리 가족 중에 아빠가 제일 먼저 태어나서 그런 거야."

"근데, 전 왜 4등으로 태어났어요?"

"음… 그건… 누나가 먼저 태어나고, 준이가 그다음에 태어나서 그렇지."

"전 누나보다 빨리 태어나고 싶어요."

"왜? 누나보다 먼저 태어나고 싶었어?"

그제야 아들이 진짜 속내를 말한다.

"음. 저도 누나처럼 키도 커지고 싶고, 형 소리를 듣고 싶어요."

"아! 우리 준이가 누나처럼 얼른 크고 싶은 모양이네."

"네. 전 아빠보다 더 클 거예요. 언제쯤 되면 그렇게 커져요? 이십 살? 삼십 살?"

"어이구, 우리 아들 늦게 태어나서 아주 속상했나 보네. 걱정 안 해도 돼. 우리 아들은 나중에 누나보다 아빠보다 훨씬 더 클 거야. 알겠지?"

"네."

키 커진다는 소리를 듣고 그제야 얼굴에 화색이 도는 아들. 같이 놀자고 기분 좋게 누나에게 달려간다.

다섯 살 어린 아들과 이야기하다 보니 왜 아들이 4등으로 태어나 속상한지 알 수 있었다.

한 살 많은 누나지만 누나는 자기보다 키도 크고, 말도 잘하고, 책도 잘 읽고, 뭐든지 잘하니 자기도 누나처럼 먼저 태어나고 싶었던 거였다. 누나 예찬론자, 누나 따라쟁이인 아들의 속마음을 아들과 이야기하면서 이번 기회에 제대로 알게 되었다.

그런데 아들! 네가 모르는 게 하나 있어. 그건 말이야.

누나보다 아들 네가 먼저 태어났으면 그렇게 귀엽

지 않았을 거야. 아빠 네가 4등으로 태어나 얼마나 귀엽고 깨물어주고 싶은지 모른단다. 그건 알고 있는지 모르겠네. 우리 아들.

제4장
아들딸,
하고 싶은 것만 하고 싶지?

방귀와 방충망

 딸, 아들, 그리고 나 셋이 거실에서 몸으로 신나게 놀고 있다.

 "아빠 놀이터다!"

 "하하하."

 아들이 갑자기 내 몸 위로 점프한다.

 "악!"

 딸도 사정없이 내 몸을 덮친다.

"윽!"

녀석들 몸무게도 많이 늘고, 뼈도 아주 튼튼해지고, 근육도 많이 늘었다. 신나게 놀고 있는데 갑자기 어디선가 방귀 냄새가 솔솔 난다. 누군지 물어본다.

"아들, 방귀 뀌었어?"

"아니요."

"딸?"

"저 안 꼈는데요."

"아빠도 안 꼈는데 어디서 방귀 냄새가 나지? 이상하네. 흐흐흐."

아들딸 표정을 쓱 살펴보니 아들이 약간 자신 없는 표정을 짓는다.

"거짓말하는 사람이 제일 나쁜 사람인데… 우리 아들딸 착한 사람 할 거예요? 아니면 나쁜 사람 할 거예요?"

내가 살짝 운을 띄웠더니 착한 사람이 되고 싶은 아

들이 쓱 내 앞으로 와서는 이런다.

"아빠, 제가 그랬어요."

"우리 아들, 아깐 왜 거짓말했어요?"

"부끄러웠어요."

"아들, 용기 내어 솔직하게 말해줘서 고마워요!"

아들 표정이 다시 밝아졌다.

"아빠 놀이터 다시 시작!"

딸이 분위기도 다시 바꿀 줄 안다.

"윽!"

"악!"

"크크크."

"하하하.

신나게 아이들과 몸으로 놀아주는 저녁 시간이다.

아주 피곤했는지 내가 아이들보다 먼저 자 버렸다. 자정이 조금 넘었나? 잠은 오는데 이상하게 몸 이곳저

곳이 가려워 손으로 박박 긁었다. 퇴근 후 늦게까지 설거지하고 빨래 개고 자려는 아내가 내 긁는 모습을 보더니 잠시 후 이런다.

"방충망이 열려있네. 여기."

'앗!'

"모기다."

자고는 있지만 다 들린다.

'뭐라고 모기라고… 방충망이 열려있었다고… 모기에게 물려서 그렇게 가려웠던 거구나!'

아내가 얼른 전기 파리채를 가져와선 모기를 잡았다.

"지이잉~."

한 마리.

"지이잉~."

또 한 마리.

그 소리를 듣고야 다시 편하게 잠들 수 있었다.

그렇게 모기 때문에 잠을 설쳤더니 아침이 피곤했다. 그리고 갑자기 왜 방충망이 열렸는지 궁금했다. 평소 방충망을 자주 열고 밖에 있는 친구에게 놀자고 말하는 아들에게 한 번 물어본다.

"아들! 혹시 아빠 방 창문에 있는 방충망 연 적 있어요?"

혹시나 하고 던진 말에 우리 아들 표정이 시무룩하다. 뭔가 미안한 표정이다.

"네, 아빠. 제가 열었어요."

"아들 이제 방충망은 열지 않도록 해요. 여기로 모기가 '웽~~'하고 들어와 아들 이마를 물었잖아요."

그랬다. 어제 열린 방충망 사이로 들어온 모기들이 내 팔만 물었던 것이 아니다. 자고 있던 아들 이마도 한 방 크게 물었다.

"모기가 들어와서 아들 물면 좋겠어요? 안 좋겠어

요?"

우리 아들 고개를 돌린다.

"그럼, 이제부터 방충망은 열지 않도록 해요. 할 수 있겠어요?"

"네."

그렇게 모기 방충망 소동은 마무리되었다.

곰곰이 생각해 보니 어린 아들이 정직하게 대답한 게 대견스러웠다. 거짓말하면 마음이 불편한 걸 아들이 이번 기회에 제대로 느꼈을 것이다. 앞으로 방귀를 뀌었어도, 방충망을 열었어도, 정직하게 내가 했다고 내가 잘못했다고 말하는 그런 아들딸이 되면 좋겠다. 부끄럽다고 남이 안 봤다고 자신을 속이는 그런 사람이 안 되면 좋겠다.

아들딸은 그렇게 이 세상을 정직하게 살아가면 좋겠다.

지하철 탈래, 걸어갈래

 뜨뜻한 아랫목에서 등 지지며 가만히 누워 있고 싶은 추운 겨울날이다. 딸도 추운지 지하철 한 코스 거리인 집까지 지하철로 가자고 한다.
 "난, 추워서 오늘 지하철 타고 싶어!"
 그런데 아들 생각은 전혀 다르다.
 "난, 오늘 걸어갈래!"
 딸과 아들의 의견이 팽팽하다. 나도 은근슬쩍 딸의

의견인 지하철 쪽으로 마음이 가지만, 내 마음대로 했다간 아들이 난리 부릴 게 뻔하다.

아직 어리지만, 충분히 자기 생각과 이유를 말할 수 있는 나이라, 결정권을 아들딸에게 완전히 넘겨주었다. 어떻게 이 난관을 둘이 슬기롭게 헤쳐 나갈지 기대가 됐다.

"아들딸, 의견 맞추어 봐요! 아빠는 둘이 하자는 대로 할게요. 왜 지하철이 좋은지, 왜 걸어가는 게 좋은지 각자 말해 보세요!"

"난, 추워서 지하철이 타고 싶어!"
"난, 더워서 걸어가고 싶어!"
"난, 빨리 가는 지하철이 더 좋아!"
"난, 걸어서 바깥세상 구경하는 게 더 좋단 말이야!"
"난, 에스컬레이터 타고 싶어!"
"난, 걸어서 운동하는 게 더 좋단 말이야!"

멀찌감치 서서 아들딸 말을 듣고 있으니 장난 같기도 하지만 아이들 말 속에 타당한 이유가 나름 들어있다. 어쩌면 아들딸이 지하철 타는 것과, 걸어가는 것의 장점을 나보다 더 잘 설명하고 있는지도 모른다.

서로의 의견이 달라 뭐 하나를 결정해야 할 때 이 방법을 종종 사용한다. 비록 시간이 오래 걸리고, 내 인내심이 동이 나지만, 내가 억지로 결정할 필요 없이 기다려주기만 하면 되기 때문에 좋다. 그럼, 아이들이 각자의 좋은 점과 이유를 통해 상대방이 생각을 바꿀 수 있기 때문이다.

10분을 넘게 찬바람을 맞으며 길모퉁이에 서서 아이들의 이야기를 듣고 있으니, 내 몸이 부르르 떨린다. 그걸 눈치챘는지 딸이 재빠르게 마음을 바꾼다.

"그래, 오늘은 걸어가자! 너무 추워서 걸어서라도

가야겠다!"

힘겨운 결정을 한 딸 앞에서 아들이 순순히 같이 걸어갈 줄 알았는데, 갑자기 아들도 또 말을 바꾼다.

"우리 그냥 지하철 타러 가자!"

"뭐, 뭐라고… 그새 말 또 바꿔?"

"나도 추워서. 하하하."

결국은 지하철 타는 것으로 결정이 났다.

시간이 오래 걸려 내 마음이 힘들었지만, 길거리에서 다투지 않고, 떼쓰지 않고, 좋게 마무리되었다.

각자의 다양한 생각을 들어보면서 이 생각도 하고, 저 생각도 하면서, 아들딸의 생각이 무럭무럭 자라는 중이다.

낮잠과 붕어빵 떼

 아들딸의 힘겨운 의견을 들어주고 지하철 타고 가는 길, 날이 추워져서 그런지, 배가 고파져서 그런지, 우리 딸이 내게 와서는 살짝 귓속말로 이러는 게 아닌가!

 "아빠, 배고파. 우리 햄버거 사 먹으러 가자!"

 "안 돼! 주말에 햄버거 사 먹었잖아. 햄버거 많이 먹으면 건강에 안 좋아요!"

"네…."

금세 수긍하는 딸. 그러면서 딸이 바로 다른 제안을 한다.

"아빠, 그럼 오늘 추운데 붕어빵 먹고 싶어!"

추운 날 붕어빵이 생각나는 딸, 나도 그 생각을 똑같이 하고 있었는데. 부전여전 아니랄까 봐. 하하하.

"그래. 대신 가게 문 열어 있으면 사주는 거고, 문 닫혀 있으면 못 사주는 거다."

"네!"

한편, 지하철의 따뜻함에 취해 살짝 잠들었던 다섯 살 아들은 누나랑 내가 하는 얘기를 잠결에 들었는지 "오예~ 붕어빵 붕어빵이다." 하며 환호성을 질렀다.

목적지에 도착하자마자 딸이 에스컬레이터를 타고 올라가 붕어빵 가게가 열었는지 재빨리 확인한다. 붕어빵 가게 앞에 평소 있던 기다란 줄이 안 보인다. 붕어빵 기계가 얼음처럼 얼어있다. 그걸 확인한 딸 마음도 꽁꽁 얼었다. 뒤늦게 확인한 잠이 덜 깬 아들이 그 자리에서 소리친다.

"붕어빵 붕어빵 먹고 싶은데. 붕어빵 사줄 때까지 한 발짝도 안 움직일 거야!"

여섯 살 딸은 장사를 안 해서 못 먹는 걸 인정하는데, 다섯 살 아들은 잠도 오고 붕어빵도 못 먹게 되었으니, 막무가내로 길거리에서 떼란 떼를 다 부린다.

"붕어빵 사줄 때까지 한 발짝도 안 움직일 거야! 잉잉잉."

붕어빵 기계 앞에서 꽁꽁 언 눈사람이 되어 움직이질 않는 아들. 내가 가자고 해도 들은 체도 않는다. 한겨울 칼바람이 쌩쌩 내 바짓가랑이 사이로 솔솔 들어오지만, 아들은 문 닫은 붕어빵 기계 앞에서 동상처럼

서 있다. 아들과 아빠의 길거리 전쟁이 시작되었다.

그런 아들을 보니, 어릴 적 기억이 한 장면처럼 스치고 지나갔다. 나도 어릴 적 엄마한테 뭐 사달라고 했는데 안 사주면 아들처럼 길거리에서 고함을 지르고 울고 떼를 썼었다. 아들을 보니 어릴 적 내 모습이 바로 아들 모습이었다. 그때 마음 한편에 오래 담아뒀던 뭔지 모를 그 서운한 마음을 내가 읽어준다.

"아들, 붕어빵 많이 먹고 싶었는데 못 먹어서 속상하지! 내일 장사하면 아빠가 사줄게!"

"지금 먹고 싶단 말이야! 지금. 지금. 지금…."

"아들, 여기 봐봐! 오늘은 붕어빵 할아버지도 안 계시고, 붕어빵이 하나도 없잖아. 아빠가 사주고 싶은데 붕어빵이 없어서 못 사주는 거야! 내일 열면 아빠가 꼭 사 올게."

그 말이 사실인지 아들은 붕어빵 기계 근처에 와서

는 꼼꼼히 확인한다. 붕어빵 기계가 온통 파란 천으로 뒤덮인 걸 확인한 아들. 그제야 수긍한다.

"붕어빵… 붕어빵… 먹고 싶은데…."

"아들, 내일 가게 열면 아빠가 꼭 사줄게!"

"네…."

그렇게 길거리에서 고래 고함을 지르며 떼쓰는 아들을 겨우겨우 설득해서 집으로 왔다.

그러고 보니 오늘은 유달리 아들이 심하게 고집을 부렸다. 왜 그랬을까 생각해 보니 며칠 전에 어린이집 선생님께서 "아버님, 5세 반 이제 낮잠 자는 시간은 줄이려 합니다."라고 하신 말씀이 선명하게 떠올랐다. 그때는 단순하게 생각해서 '둘째도 이제 제법 컸네. 낮잠도 안 자고. 이젠 어린이집에서 낮잠을 안 자니까 대신 저녁에 집에 오면 아들이 일찍 자겠네. 그럼, 히히히. 저녁에 내 자유시간이 좀 많아지겠네.'라고 얼마나 좋아했었는데….

 하지만 그런 행복한 나만의 상상은 오늘 아들의 붕어빵 떼로 산산조각 나고 말았다.

 한 번 겪었는데 앞으로 아들과 끝없는 잠투정이 두렵기만 하다. 그 낮잠 하나가 길거리 전쟁으로 치닫게 할 줄 전혀 몰랐다. 5세 시절에 낮잠 하나가 이렇게 중요한지 육아하면서 또 알게 된다.

아빠가 좀 더 좋아요

 자기 전에 아들 이 닦이기가 하루 중 가장 큰 숙제다.
 "이 닦자!"
 이 닦자는 소리에 아들이 다다다 도망가더니 문 뒤에 숨는다.
 "엄마, 저 어디 있게요?"
 요리조리 숨는 아들은 이 닦는 게 그렇게 싫은 모양이다. 이는 안 닦고 장난 삼매경이다. 이젠 아예 이불

안에 들어가서는 나오지도 않는다.

"이 닦자."

"아니, 아니."

이 안 닦겠다고 떼쓰기 시작하는 아들을 두고 아내가 평소 자주 써먹던 방법을 이용한다.

"어! 입안에 벌레 두 마리가 지나간다."

예전엔 쉽게 통했던 하얀 거짓말이 이젠 아들에게 전혀 안 먹힌다.

"거짓말, 거짓말. 거짓말하면 피노키오처럼 코가 길어진다. 엄마."

"하하하."

멀리서만 지켜보던 난 웃음이 빵 터진다. 평소 아내가 사용하던 말을 역으로 이용할 줄 아는 능력까지 갖춘 일곱 살 아들이 돼 버렸다.

내가 바통을 이어받아 겨우 설득해서 아들 이를 닦인다. 말 안 해도 혼자서 착착 이 닦는 순간이 어서 왔으면 좋겠다.

아이들 이를 닦이고, 얼른 불을 끈다. 일명 취침 모드다. 보통 아들은 엄마랑 자고, 딸은 나랑 잔다.

그런데 오늘은 아들이 "아빠랑 자야지." 하며 베개를 들고서는 나와 아내의 그 비좁은 틈을 비집고 들어와 내 옆에 눕는 게 아닌가! 그러면서 그런다.

"엄마, 아빠 둘 다 좋아요."

잠시 후, 내 귀에만 아주 작은 목소리로 속삭이면서 아들이 이런다.

"근데, 아빠가 좀 더 좋아요. 엄마한테 말하지 말아요. 엄마가 슬퍼요."

엄마가 슬퍼한다는 말에 속으로 얼마나 웃었는지 모른다. 이 닦인다고 날 그렇게 힘들게 하더니 또 내가 엄마보다 좋다고 웃게 하는 아들. 그러면서 엄마 슬퍼할 거까지 생각하는 아들이다.

이 닭이고 아들과 딸이 나를 서로 차지하겠다고 이 저녁에 난리가 났다.

"나 아빠랑 잘 거야!"

"나도 아빠랑 잘 거야!"

실랑이를 벌이는 아들과 딸, 그런데 누나 마저 아빠랑 잔다니까 아들이 뭔가를 골똘히 생각하더니 이런다.

"엄마는 누구랑 자?"

그 말에 딸이 누구랑 자고 싶은지 귓속말로 엄마에게 물어본다. 잠시 후 딸이 오늘의 결정타를 날린다.

"엄마는 혼자 자는 게 더 좋대."

"하하하."

그 소리를 듣고 얼마나 웃었는지 모른다.

이 저녁에 떼쓰는 아들이 또 아빠가 제일 좋다니 힘이 절로 난다. 육아가 아무리 힘들어도, 잠을 편하게 못 자도, 이런 한순간의 기쁨이 육아의 힘듦을 다 넘어서는 게 아닐까! 이 힘으로 아이를 키우는 건지도 모른다.

잔소리는 좋은 말

일 끝내고 어린이집으로 가는 지하철 안, 오늘 저녁은 또 뭐 먹을지 고민이다.

'오늘은 뭐 먹지?'

아무리 생각해도 좋은 생각이 떠오르지 않는다. 아이들 만나서 물어보는 게 제일 빠를 것 같다.

"딸, 저녁 뭐 먹고 싶어?"

"아빠, 볶은 김치랑 달걀이요."

"딸, 그것만 있으면 돼요?"

"네. 볶은 김치 좋단 말이에요."

우리 딸은 씻은 '볶은 김치' 하나만 있어도 밥 한 끼 뚝딱이다.

밥을 하고, 김치를 씻어 프라이팬에 볶고, 된장국을 만들고, 달걀부침을 했다. 반찬이 세 가지밖에 없지만 오랜만에 저녁 같은 저녁상이 차려졌다. 이걸 혼자 다 했다는 생각에 뿌듯해져 사진도 '찰칵' 한 장 찍는다. 아들딸은 황홀한 볶은 김치의 향에 취해 "밥 줘! 밥 줘!"라고 외치면서 무섭게 달려든다.

"딸, 입에 한꺼번에 너무 많이 넣지 말고."

"손쓰지 말고 젓가락 써야지."

"천천히 먹어야지."

딸이 허겁지겁 먹어 걱정돼서 이야기해 줬는데 딸이 생각지도 못한 말을 하는 게 아니겠는가!

"아빠 그거 잔소리 같은 거예요?"

순간 뭐라고 해야 좋을지 몰라 기지를 발휘해 본다.

"아니. 이건 잔소리가 아니고 딸에게 '좋은 말' 해 주는 거야. 딸 안 좋은 거 해도 아빠가 이야기해 주지 말까?"

"아니, 아니 그건 아니고."

'통했다.'

"그러니까 이건 잔소리 아니고 좋은 말이야. 알겠지?"

"네. 알았어요."

겨우 수습했다. 잔소리란 말은 듣기가 안 좋으니, 앞으로는 좋은 말이라고 딸에게 계속 이야기해 줘야겠다.

저녁밥을 맛있게 먹었는지 딸 얼굴과 손에 밥풀과 달걀 조각이 더덕더덕 묻어 있다. 한 그릇 뚝딱 비우고 자리에서 일어나는 딸. 손 씻으러 가는 줄 알았더니 배

부르면 습관적으로 하는 일인 책을 보러 간다.

"딸, 다 먹었으면 먼저 손 씻어야지. 얼른 손 씻어요. 얼굴도 씻고요. 비누로 씻어야 해요."

나도 모르게 매일 하던 '좋은 말'이 나온다.

"어."

"…?"

우리 딸은 평소 높임말을 잘 쓰는데 갑자기 내게 '어'라고 대답해서 당황스럽다. 얼른 딸 보고 '좋은 말'을 다시 한다.

"네 해야지. 딸."

이유가 있었는지 입을 우물우물하며 딸이 이런다.

"입에 음식 있어서 그래요."

"아… 아빠가 몰랐네."

자세히 보니 딸이 음식을 씹고 있다. 음식 때문에 "네." 하기가 힘들어 "어."라고 대답했나 보다. 그러고는 딸이 얼른 화장실로 씻으러 간다.

장난감을 가지고 한참 놀다가 누나보다 저녁을 늦게 먹은 아들이 오늘의 하이라이트다. 아들도 볶은 김치를 손으로 집어 먹어서 그런지 손 주위와 입이 엉망이다. 의자에서 일어나는 아들에게 딸에게 했던 '좋은 말'을 한다.

"아들 손 씻어야지!"

"어."

"…? 아들, 네 해야지."

'네'라고 잘하는 아들까지 오늘 왜 이러나 싶다. 그리곤 이내 아들이 날 빵 터트린다.

"입에 음식 있어서요."

"…. 하하하."

장난감 가지고 놀고만 있는 줄 알았는데 아들은 좀 전에 내가 누나랑 이야기한 걸 다 듣고 있었던 모양이다. 추측건대 예라고 대답하기 귀찮아서 "어."라고 했을 수도 있고, 아니면 진짜 입안에 음식이 가득해서 누나처럼 "어."라고 했을 수도 있다. 아니면 이제 유머를 알아서 나를 웃기려고 일부러 그랬을 가능성도 제법 크다.

어쨌든 누나 따라쟁이에 순간 센스쟁이인 아들의 '어' 소리에 실컷 웃었다.

예라고 존댓말로 하는 습관, 밥 먹고 음식이 묻으면 씻어야 하는 습관, 천천히 음식을 먹는 습관, 아이들 좋은 습관 들이기가 이렇게나 힘이 든다. 당분간 나의 좋은 말 잔소리는 계속될 것 같다.

자기 대장 엄마

우리 아내는 아침잠이 참 많다.

반대로 우리 아들은 아침잠이 참 없다.

이유도 각자 나름대로 다 있다.

먼저 아내는,

아이들을 재우고 저녁에 할 일이 참 많다.

빨래를 돌리고, 다되면 개야 한다.

설거지도 해야 하고, 거실에 어질러진 각종 장난감

도 정리해야 한다.

그리고 무엇보다 아내만의 힐링 시간인 드라마 시청도 꼭 해야 한다.

그러고는 아내는 밤 12시 정도가 되어야 잔다.

그러니 아내는 아침에 일어나기가 힘들 수밖에 없고, 주말 아침 기상 시간이 보통 아침 9시나 10시가 되어 버린다.

반대로 아들은,

어린이집 하원 후, 오후 3시부터 저녁 7시까지 치열하게 논다.

블록으로 장난감 놀이도 해야 하고,

아빠랑 누나랑 같이 카드 게임도 해야 하고,

종이 팽이 돌리기 시합도 해야 한다.

누나한테 뒤지지 않으려면 글자도 잘 모르지만, 책도 읽어야 하고,

월요일 수요일엔 2시간 가득 채워 영상도 시청해야 한다.

엄마가 책 읽어주는 소리에 잠드는 아들은 취침 시간이 이른 저녁 8시다.

그러니 그때부터 10시간 푹 자서 아침 6시나 7시에 일어난다.

이렇게 수면 패턴이 다른 아들과 아내.

아들은 늦게 자는 엄마를 이해할 수가 없다.

이른 아침부터 일어난 아들은 심심하기 그지없다.

엄마를 깨워서 얼른 같이 놀고 싶다.

그러나 아내는 요지부동이다.

그러니 아들은 엄마를 깨우려고 그동안 온갖 기술을 다 익혔다.

눈 까집기 기술, 이불 들치기 기술, 엄마 몸 파도타

기 기술 등등.

그러나 그 기술에 끄떡없이 잠을 자는 아내.

내가 봐도 아내가 대단하다.

오늘은 아들의 엄마 깨우기 작전이 라이브 쇼를 하는 것처럼 생생하다.

"엄마!"

"엄마!"

"엄마!"

"엄마!"

"엄마!"

엄마를 다섯 번이나 불렀는데 미동도 없는 아내. 그러니 아들이 다른 방법을 쓴다.

"뽀뽀하면 일어나는 거야!"

"쪽!"

"왜 안 일어나는 데에…."

"엄마, 일어 나아아아~."

"안 되겠다. 키키 키키."

아들이 이불을 확 들추고는 엄마 눈을 까뒤집는다. 아내가 기어이 화장실로 대피한다. 잠시 후, 아내가 다시 이불 속으로 들어간다.

"엄마, 또 왜 자요?"

"왜 누워요?"

"…"

아들이 드디어 삐져서 울며 외친다.

"엄마는 자기 대장이야! 자기 대장!"

"밤새 잤으면서 또 자…."

'하하하. 아들이 커피 대장인 엄마 별명을 자기 대장이라고 결국 하나 더 만들었다.'

그나저나 아들아, 네가 모르는 게 있어. 엄마가 잘 때 엄마는 자는 척만 할 뿐이야. 그리고 엄마는 네가

자면, 그제야 일어나 밀린 설거지를 하고 빨래하고 미룬 드라마를 12시까지 본다는 걸.

엄마, 저 키 안 클래요?

 주말 아침, 아내와 내가 늦잠을 자고 있으니 일찍 일어난 아들이 배가 고픈지 냉장고를 사정없이 여닫는다.
 '쾅!'
 '쾅!
 잠시 있다 벌컥벌컥 우유 마시는 소리가 들린다. 화장실 간다고 일어나 거실을 슬쩍 봤더니 텅 빈 우유갑 하나가 거실을 굴러다닌다. 배가 고파서 냉장고에서 우유 하나를 꺼내 아들이 배고픔을 해결한 모양이었다. 그 기분 좋은 포만감으로 아들은 블록으로 여러 로봇을 만들어 로봇 놀이를 열심히 하고 있다.

"썬터 블러, 자 출발, 저기 로봇 기지로 출발!"

"안 돼! 안 돼! 친구 로봇이 올 때까지 기다려!"

"알았어! 뺨빠밤, 슈웅~ 친구 로봇이 왔다!"

"퓨웅…."

아들은 혼자서 여러 배역을 소화하며 주말 아침을 즐겁게 보내고 있다.

늦잠 잔 아내와 나는 슬슬 아침 준비를 하는데, 로봇 놀이하느라 에너지를 많이 소모한 아들이 다시 냉장고 문을 열더니 우유갑 하나를 더 꺼내는 게 아닌가! 그 광경을 지켜본 아내가 아들에게 한 소리 한다.

"아들, 우유 아침에 먹었으니 먹지 마요. 많이 먹으면 안 좋아요. 하루에 하나씩이에요!"

'네, 알겠어요.', '하나만, 하나만, 제발 제발.' 보통 두 가지 중의 하나가 아들 반응인데 오늘은 전혀 새로운 반응이다. 너무 당당하게 말해서 기가 차고 코가 막힐 지경이다.

"엄마, 저 키 안 클래요?"

순간, 무슨 말인가 싶어 한참을 생각해야 했다. 미루어 짐작해 보니 '엄마, 저 키 안 크길 바래요? 제가 키 크려면 우유를 하나 더 먹어야 해요.'란 뜻이었다.
"엄마, 저 키 안 클래요?"
아들이 한 번 더 세게 말하더니 아예 쐐기를 박아버린다.

"어떤 우유가 안 좋아?"

모든 우유는 다 좋다. 그래서 우유를 더 먹어야 하고, 그래야 키가 커진다는 아들의 논리에 할 말이 없었다. 그 소리에 아내와 나는 빵 터져서 한참을 웃었다.

"크크크."

"하하하."

큰 소리로 아내와 내가 웃으니, 아들은 또 삐쳐서 이렇게 응대하는 게 아닌가!

"웃지 마, 웃지 마아아아아~."

그 소리가 또 너무 웃겨 아내가 작은 목소리로 그런다.

"귀여워."

그런데 귀 밝은 아들이 엄마의 말을 듣고 심기가 불편해져서 외친다.

"나 안 귀여워~."

그러면서 우유 하나를 기어이 들고는 자기 방으로 쾅쾅쾅 거리며 아들이 쌩하니 가 버린다.

우유가 간절히 먹고 싶은 아들, 우유를 먹으면 키가 커진다는 걸 배운 아들, 우유 안 주면 키가 안 커진다고 은근히 협박(?)까지 할 줄 아는 아들, 이제는 정말 다 키웠다. 당당하게 "어떤 우유가 안 좋아!"라고 외치며 말하는 아들 소리가 계속 귓가에 맴돌아 한참을 웃었다.

일곱 살 아들이 자신만의 세상 경험으로 생각과 논리가 점점 강해지고 있다.

음료수가 좋은 다섯 가지 이유

음료수라면 세상을 다 가진 양 행복해하는 아들은 이 세상에 있는 음료수란 음료수는 다 맛보고 싶은 모양이다.

"음료수 안 사주면 지하철 안 탈 거야."

하루는 지하철을 타러 갔다가 아들이 지하철 자판기 속 화려한 음료수에 반해 꼼짝 달라붙었다. 아들을 떼어내느라 얼마나 애를 먹었는지 모른다.

또, 약국에 가서는 미니 커피 자판기에 있는 따뜻한 코코아를 두 컵이나 마시는 게 일상이 되었다. 두 컵 가득 먹고는 이런다.

"아! 맛있다. 배부르다."

할 말이 없다.

심지어 목욕도 하기 싫은 녀석이 하루는 나보고 목욕탕을 가자고 하는 게 아니겠는가! 목욕탕에 와서야 아들의 본심을 알게 되었다.

아들은 목욕탕 속 음료수 냉장고를 보고는 순하디순한 양이 되어서는 세상에서 가장 다정한 목소리로 말한다.

"아빠, 누나에겐 비밀로 하고 음료수 사주세요!"

음료수를 간절히 원하는 아들의 하늘하늘한 눈빛과 웃음에 내가 안 녹아내릴 수가 없다.

"그래, 누나한테 절대 비밀이니까, 음료수 하나 골라

봐요."

"아빠, 최고! 최고!"

그렇게 아들과의 음료수 비밀 연대가 부자간에 생겨버렸다.

이렇게 음료수를 좋아하는 아들이 하루는 도서관에서 두 시간 정도 책을 보다 뭔가 지루하고 입이 심심했는지 또 음료수 타령이다.

"아빠, 음료수 사 줘요!"

음료수를 사 달라고 하는 아들이 속으로 너무나 귀여웠다. 왜냐하면 일 년 전만 해도 도서관에서 십분도 있지 못하고 나가 놀자고 투정 부리며 짜증을 냈던 아들이 도서관을 좋아하는 누나 따라쟁이가 됐기 때문이다.

도서관에서 두 시간이나 책을 보는 아들이 대견스러워 속으로는 음료수를 몇 개라도 사주고 싶었다. 그냥 사주면 재미없을 것 같아서 좋은 아이디어가 떠올랐다.

"아들, 왜 음료수가 먹고 싶은지 이유 다섯 가지만 적어봐요!"

"네."

이유를 적으면 왠지 아빠가 음료수를 사줄 것 같은 말투라 음료수를 사주기 전인데도 아들 얼굴이 싱글벙글한다. 내가 볼펜과 종이 한 장을 주니 기분 좋게 다섯 가지 이유를 거침없이 적어 내려가기 시작한다.

"아빠, 여기."

아들이 십 분 정도 꾸역꾸역 고민하고 한자 한자 정성 들여 쓰더니, 내가 음료수를 사줄 수밖에 없을 정도의 타당한 이유를 가지고 왔다.

1. 음류수가 좋아서
2. 음류수가 땡겨서

3. 음류수가 시원해서

4. 음류스가 새콤달콤해서

5. 음류수가 내 스타일이라서

  다근, 쌍디근, 티읕을 거꾸로 적어 선대칭도형이긴 하지만 일곱 살짜리 아이 글씨가 이 정도면 알아볼 수 있을 정도였고, 이유도 일곱 살 수준에서는 아주 타당했다.

"우리 아들, 음료수 먹고 싶은 다섯 가지 이유 아주 잘 썼네. 음료수 사 먹으러 가자."

"오예~. 아빠 최고!"

  음료수 하나를 사서 벌컥벌컥 마시는 아들은 오늘도 새로운 음료수 사냥에 성공했다.

  음료수를 떠나서 이번 기회에 아들은 글의 힘을 제대로 알게 됐을 것이다. 이유를 타당하게 적으면 음료수를 사줄 수 있을 만큼의 힘이 있다는 것을. 게다가 글씨 쓰기 연습도 되고, 자기 생각을 요목조목 정리할 수 있다는 것을.

앞으로 아들이 음료수를 얻기 위해, 또 다른 걸 얻기 위해, 어떤 타당한 글로 나를 깜짝 놀라게 할지 기대가 된다.

에필로그 : 아이 말을 기록하며

 다섯 살, 여섯 살 땐 아이들이 하는 말 하나하나가 다 예뻤다. 갓 말을 배워 그 조그만 입에서 자기 생각을 표현하는 그 자체가 신기했다. 심지어 우는 것까지 다 귀여웠으니 말이다.

 그런데 열 살 정도 되니 아이들이 말을 너무 잘해서 탈이다. 말로 아빠인 나를 이기려고 들지를 않나, 삐지면 말도 안 하고 성질을 가득 부리지를 않나, 말에 귀여움이 빠져도 너무 확 빠졌다.

딱 그때 시절이 있나 보다. 아이가 하는 말이 너무 귀엽고 사랑스러워 저절로 적고 싶어질 때가. 그래서 그때 그 시절 그렇게 열심히 적고 글을 남겼는가 보다.

사실 지금도 가끔 아홉 살, 열 살 아이 말과 행동이 재미있긴 하다. 그런데 뭔가 기록하고 싶은 내 마음이 많이 사라졌다. 육아에 너무 익숙해져서인지, 아이들 하는 말이 비슷해서인지, 내 마음이 그때만큼이나 새롭지가 않다.

다시금 대여섯 살 시절의 아이들 글을 읽고 수정하다 보니 그때의 순수한 아이들 마음과 나의 마음이 많이 그리워졌다. 나만 제법 큰 아이들 마음을 읽으려고 노력한다면 더 유머 있고 더 깜짝 놀랄만한 아이 말 2탄도 나오지 않을까?

이 글들은 사실 나중에 아이들이 크면 아이들에게 줄 선물이라는 생각하면서 적었다. 그런데 이 글들이 지금은 오히려 내게 큰 위로를 주니 인생은 참 아이러니하다.

어릴 땐 아이들 키우느라고 바빠 아들딸에게 고맙다는 말을 못 했는데 여유가 제법 있는 지금에야 제대로 아이들에게 고맙다고 말해주고 싶다.

'아들딸, 너희들 덕분에 너희들의 소중한 시간을 기록해서 기뻤고, 앞으로 언제든 그 소중한 기억을 꺼내 볼 수 있어서 행복해! 그런 추억을 선사해 준 너희들이 늘 아빠 곁에 있어서 정말 고마워. 사랑해!'

그리고 아내에게도 늘 곁에서 묵묵히 도와주고 아이들을 챙겨줘서 사랑한다고 말하고 싶다.

끝으로, 내 글을 읽고 또 읽으면서 느낀 한 줄 소감평으로 이 글을 마무리하고 싶다.

'아이 말의 순간을 잡았다. 행복을 잡았다.'

추천의 글

미메시스와 언어
-곽도경의 거울

김지연

kimjiyeonwriter@naver.com

아이는 부모를 보고 성장한다. 부모의 언어와 비언어를 답습하면서 정체성을 구성해 나간다. 성인이 된 이후에는 수정하고 싶어도 의지대로 되지 않은 불수의근적 영역이 형성되는 시기가 바로 유년이다. 인간은 정신을 담론으로 구성한다. 명징하게 언어화된 것은 의식의 세계로, 비언어로 체화되는 것은 무의식의 세계로 구성된다. 인간을 구성하는 언어는 얼굴 생김

새처럼 모두 다르기에 타인과의 구별을 가능하게 한다. 이때 중요한 것은 어떤 언어로 구성되느냐가 관건이다.

인간이 유년기에 가장 많은 영향력을 받는 대상은 부모다. 아이는 결국 부모를 대상으로 한 미메시스적 학습의 과정을 거쳐 자신을 구성해나가는 것이다. 이때 부모의 애정은 필연적이다. 애정결핍은 아이 정체성의 흠결을 만들고 인생의 위기가 왔을 때 누수를 초래한다. 또한 문제에 봉착할 때 그 원인조차 찾지 못하고 안개 속에 갇히기도 한다. 생각보다 많은 부모들이 닦지 않고 부연 거울로 아이를 바라보고 육아의 고충을 토로하며, 혹은 금이 가거나 김 서린 거울로써 그 내면을 파악하려고 한다. 이와 같은 문제제기의 해결 방법으로는 부모에게 가장 필요한 것은 아이가 들여다볼 수 있는 맑고 투명한 거울을 들 수 있겠다.

그런 의미에서 곽도경은 자녀들에게 쾌적한 거울이

되어주는 존재다. 일상성에 화목함을 배가한 작가의 글에는 편안하고 자연스러운 행복한 감정이 깃들어 있다. 글 속에 나타난 아이들은 자신 있게 말하고, 정서적으로도 충만한 모습을 보이고 있다. 부모에게 학습하고 감정을 담아 표현하는 아이의 언어로 작가는 웃음을 발견하고 행복을 실현한다. 이때 웃음은 어떤 불행이나 부정적 의미가 내재되지 않은, 인간의 가장 순수한 의미를 담지한다. 성인이 아이를 통해 발견하는 충일감도 웃음의 본질적인 요소가 긍정성에 있기 때문이다.

언어가 중요한 이유는 그것이 생성하는 총체적 결과물이 다양하기 때문이다. 모든 언어에는 그만의 지향점이 존재한다. 그 언어가 목적으로 하는 지점으로 이동하는 운동성이 있다. 따라서 언어는 행위가 되고 언어는 감정이 되며 언어는 어떤 일이 결괏값으로 나타난다. 부정적인 언어의 종착에는 부정성이 반드시 존재하고 언젠가는 그것에 도달하게 되는 것이다. 필연적으로 부정적인 언어가 투명한 미래를 보장하기는 어렵다.

부모와 자식은 서로를 관찰한다. 아이는 부모를 보며 동일시한다. 부모도 마찬가지로 아이를 보며 동일시한다. 이때 주체와 타자 간의 관계가 허물어지고 정신적 일치를 이룰 때 상호 긍정적인 에너지를 등가교환하는 지점으로 나타난다. 거울에는 감정이 반영된 대상이 나타나기 마련이다. 인간의 경험이란 객관성을 허물고 감정에 의해 만들어진 기억을 저장하기 때문이다.

곽도경 작가의 글에는 아이의 독백, 방백, 대화가 다채롭게 나타난다. 아이가 시도한 세계의 미메시스와 그 재현을 유쾌하게 수용하는 부모의 모습을 통해, 아이는 낳아줘서 부모에게 감사하다고 말해야 한다고 하지만, 실상은 아이가 세상이 태어나줘서 너무나도 행복해진 부모가 아이에게 고맙다고 말해야 하는 것이 보다 더 진실한 듯하다.

이 책의 큰 의미는 행복이라는 가치에 있다. 작가는 따뜻하고 섬세한 문체로 행복의 디테일을 선사하고 있다.

**아이 말을 읽다
아이 마음을 읽다**

초판 1쇄 발행 | 2025년 11월 30일

지은이 | 곽도경
펴낸이 | 김지연
펴낸곳 | 마음세상

일러스트 | 김지연

출판등록 | 제406-2011-000024호 (2011년 3월 7일)

ISBN | 979-11-5636-651-5 (03590)

원고투고 | maumsesang2@nate.com
블로그 | blog.naver.com/maumsesang

* 값 18,200원